고민은 두고, 계획은 접고 발길 따라
흘러가는 종횡무진 중국 기행

발 닿는 대로,
중국 유람

이종철 지음

어문학사

발 닿는 대로,
중국 유람

이종철 지음

어문학사

⋰ 프롤로그 - 중국, 추억의 갈피를 좇아

　　우리는 지금 글로벌 시대, 지구촌 한마당이라는 표현이 어색하지 않은 시대에 살고 있다. 미디어와 과학 기술의 발전은 우리의 삶을 예전과는 완전히 다르게 바꿔놓았다. 우리는 지구 곳곳에서 일어나는 일들을 실시간으로 알 수 있게 되었으며 서로가 유기적으로 결합되어 직, 간접적으로 영향을 주고 받는다.

　　이처럼 세계가 한마당이 되다 보니 서로 다른 문화, 서로 다른 지역에 대한 호기심과 관심은 더욱 커졌고 이로 인해 여행은 더욱 대중화되었다. 나아가 이제 스마트폰 하나만 있으면 교통, 숙박 예약은 물론 구석구석 길 안내까지 가능한 시대가 되었다.

　　지난 몇 년 지구촌은 코로나 19라는 팬데믹으로 심한 몸살을 앓았다. 너무나 당연했던 일상의 많은 것들이 제한되었고 우리 삶의 풍경들이 순식간에 달라졌다. 아무 때나 훌쩍 떠날 수 있었던 여행도 크게 제한을 받았고, 특히나 비행길은 거의 막혀버리다시피 하였다. 도미노처럼 무너져가던 경제와 잔뜩 위축된 사회 분위기 속에서 여행은 마치 사치처럼 느껴지기도 했고, 박제된 옛 추억처럼 느껴지기도 했다. 우리와 가장 가까운 이웃 나라 중의 하나이자 또 여행할 때 가장 많이 찾는 관광 대국인 중국 역시도 코로나로 인해 가기 어려운 먼 이웃이 되어버렸다.

중국을 전공하고 중국에서 몇 년간 유학한 나에게 중국은 무척 친숙한 대상이고 또 언제든 훌쩍 찾아갈 수 있는 공간이었다. 그리운 친구들과 스승이 살고 있는 곳이기도 하다. 처음 중국 땅을 밟은 날로부터 벌써 30년 가까운 세월이 흐르고 있다. 유학 시절은 말할 필요도 없고, 졸업한 이후에도 방학을 이용하여 항상 중국의 이곳저곳을 여행했다. 그 외에도 출장이나 학회 참석, 이런저런 업무로 중국에 가는 경우도 많았다. 이처럼 나에게 중국은 제2의 고향처럼 친숙한 대상이었는데, 코로나로 인해 뜻하지 않게 지난 몇 년간 가기 힘든 곳이 되어버렸다. 그렇게 타의에 의해 조금 멀어진 중국에 대해 한번 차분히 살펴보고 싶은 마음이 들었다. 곳곳에 서린 추억을 떠올려보았고 또한 얽혀있는 이야기들과 다양한 감정들을 다시 꺼내어보았다. 그랬더니 하고 싶은 이야기들이 실타래처럼 딸려 나오는 기분이었다. 이번 기회에 그것들을 글로 한번 정리해봐야겠다는 생각이 들었다. 그러니까 이 책은 그러한 배경하에서 조금은 우연스럽게 시작된 것이다.

다행스럽게 최근 들어서는 코로나 상황도 많이 안정이 되어 엔데믹으로 전환되었다. 여러 나라들이 다시 빗장을 풀고 여행객들을 맞이하고 있다. 중국 여행도 서서히 재개되고 있다. 나도 다시 배낭을 메고 중국 여행길에 오를 생각을 하니 새삼 기분이 새롭고 설렌다. 이러한 시점에서 중국 여행에 대한 나의 이야기를 선보이게 돼서 정말 기쁘고 감사하게 생각한다. 내가 보고 느낀 중국의 풍광과 유적, 그리고 그 갈피 갈피에 얽힌 개인적 추억과 사유들을 담아보았다. 독자분들이 중국을 이해하는 데, 그리고 향후 중국 여행을 떠나는 데 이 책이 조금이나마 참고가 될 수 있다면, 그것이야말로 저자로서 큰 보람이자 기쁨이리라.

2023년 여름 이종철

목차

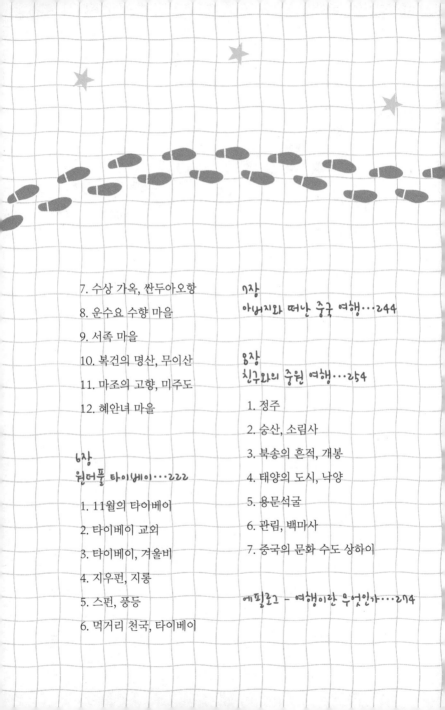

1장
인문의 향기를 찾아서, 산동성

'중국'하면 가장 먼저 떠오르는 인물이 누구일까. 여러 인물들이 있을 수 있다. 가령 현대 중국의 아버지 모택동이 될 수도 있고, 역사상 처음으로 중국을 통일한 진시황이 떠오를 수도 있다. 신이 된 남자 관우도 그중 한 명일 것이다. 하지만 나를 포함해서 많은 사람들의 머릿속엔 그들에 앞서 한 명이 먼저 떠오른다. 바로 동아시아에 거대한 영향을 끼친 유교의 비조, 세계 4대 성인 중 한 명인 공자(孔子)다. 그렇다. 중국에 간다면 공자를 꼭 만나봐야 할 것이다. 하지만 공자를 꼭 유교와 연관시켜 너무 어렵고 무겁게 생각할 필요는 없다. 그보다는 2,500년 전 혼란의 시대 속에서 어떻게든 세상을 바로잡아보려고 혼신의 힘을 다했던 한 인간, 학문과 교육에 매진했던 지혜로운 선생으로서의 공자를 만나보면 어떨까. 공자의 고향 곡부가 바로 산동성에 있다.

산동성(山東省)은 우리와 지리적으로 가장 가까운 곳이다. 한국에 있는 화교들의 고향도 산동성인 경우가 많다. 그만큼 지리적으로 가깝기 때문일 것이다. 마찬가지로 지금 한국인들이 가장 많이 거주하는 곳도 청도, 연대, 위해와 같은 산동성의 도시들이다. 산동성 여행의 좋은 점은 비행기는 물론 배를 이용할 수도 있다는 점이다. 위해, 연대, 청도 등 산동성의 여러 해안 도시는 인천과 배가 오간다. 배 이야기가 나왔으니 잠시 더해보자. 배 여행은 경비도 절약할 수 있고 그에 앞서 배를 타는 데서 맛볼 수 있는 특유의 여유와 낭만이 있다. 속도가 최고의 가치가 되고 있는 시대지만, 오랜만에 일상의 모든 것을 벗어버리고 푸른 바다를 바라보며 마음속을 정화시킬 수도 있고, 가족과 친구와 평소에 못다 했던 이야기를 밤늦도록 오붓하게 나눠볼 수도 있는 것이다.

산동성은 고대 노나라, 제나라 등이 위치했던 곳이다. 춘추오패에 들만큼 강력한 국가였던 제나라, 그리고 만세사표(萬世師表) 공자가 속했던 노나라가 위치했던 산동은 오래전부터 발달된 문명과 높은 인문 정신을 가졌던 곳이다. 지금도 곳곳에 남아있는 당시의 유적들과 유물들은 산동인들의 자랑이다. 그래서일까. 현재 산동성이 내세우는 모토는 바로 "인문, 산동"이다. 산동성을 소개하는 여행 책자, 심지어는 거리의 버스 안에서도 "인문, 산동"이라는 글귀를 쉽게 발견할 수 있다.

1. 공자를 만나러 가다, 곡부

공자의 고향 곡부(曲阜)는 북경에서도 그리 멀지 않다. 하지만 그보다는 산동성의 대도시 청도나 제남에서 찾아가는 것이 훨씬 가깝고 편리할 것이다. 새로 정비되고 확충된 철도망과 잘 닦인 도로망 덕에 요즘 중국에서의 이동은 예전과는 비교도 안 될 정도로 빠르고 쾌적하다. 나는 지금껏 곡부에 세 번 가봤다.

공자의 고장 곡부에 들어서면, 그곳은 마치 과거의 요새와 같은 느낌으로 다가온다. 도시 전체가 성으로 연결되어 있고 아늑하고 아기자기한 모양새를 갖추고 있다. 마치 과거로 거슬러 올라간 듯한 묘한 느낌을 선사하는 곳이 바로 곡부다. 마을 주민 대부분이 공씨이니 공자의 후손들이라 할 수 있다. 호텔, 식당, 가는 곳마다 자신들이 공씨의 후손임을 알리는 글귀와 만날 수 있다.

2,500년의 시간을 훌쩍 뛰어넘어 공자를 마주할 수 있는 곳, 곡부에서는 공묘(孔廟), 공부(孔府), 공림(孔林) 세 곳을

곡부 고성

둘러볼 수 있다. 먼저 공묘는 공자를 모시는 사당으로, 그
안에는 2,000개가 넘는 비석과 석각이 세워져 있다. 수많
은 역대 황제가 내린 비석도 수두룩하다. 북경의 자금성이
스케일로 사람들을 압도한다면, 이곳 공묘는 시간의 장중
함이 단연 압권이다.

공부는 공묘의 동쪽에 위치하고 있는데, 공자의 직계가
살았던 저택이다. 송나라 시절 공자의 46대 후손이 황제
인종으로부터 연성공(衍聖公)에 책봉되어 그 이후로는 연성

공부

공부라고 불렸다. 공묘와 마찬가지로 전체적으로 엄숙하고 웅장한 느낌을 준다.

　공림은 공자의 무덤이 있는 곳이다. 공자뿐 아니라 그의 후손들이 묻혀있는 종족 무덤으로 엄청난 규모로 조성되어 있다. 우리가 늘 상상 속에서, 혹은 책 속에서 만나던 공자를 무덤으로나마 직접 본다는 것이 비현실적으로 느껴질지도 모른다. 그러나 공림에 가면 공자와 그의 아들, 손자가 잠든 묘를 바로 눈앞에서 볼 수 있다. 공림은 그 엄청난 규모에도 놀라지만 수십만 그루의 고목들이 늘어서 있어 그대로 완벽한 식물원이라는 점에서도 감탄을 자아낸다.

이러한 역사적, 문화적 가치를 인정받아 공묘, 공부, 공림 즉 삼공은 유네스코 세계 문화유산으로 지정되었다. 현재 이곳은 전 세계 수많은 이들이 방문하는 유적지이자, 중국인들에게는 정신적 고향과도 같은 곳이다. 주지하듯 유교는 중국만의 것이 아니다. 같은 한자 문화권, 유교 문화권에 속한 우리 한국인들에게도 공자의 영향력은 거대하다.

2. 태산에 올라

　나는 중국을 전공하며 중국에서 몇 년을 유학했고 방학 등을 이용해 틈날 때마다 중국 곳곳을 여행했다. 또한 출장이다, 학회 참석이다 하여 중국 여기저기를 다녔다. 그렇게 중국에 다닌 지 거의 30년이 되었지만 아직 못 가본 곳이 가본 곳보다 훨씬 더 많다. 하긴 중국이 워낙 크니 평생을 다녀도 그럴 것 같다. 엄청난 풍광과 유적을 간직한 중국, 가령 중국의 산을 이야기한다고 하면 어떨까. 수많은 명산과 그에 얽힌 스토리들이 끝도 없이 이어질 것이다. 나도 많이는 아니지만 중국의 몇몇 산에 오른 적이 있다. 오늘은 그중 하나에 대해 이야기해 보려 한다.

　"태산(泰山)이 높다 하되 하늘 아래 뫼이로다. 오르고 또 오르면 못 오를 리 없건마는 사람이 제 아니 오르고 뫼만 높다 하더라." 조선의 문장가 양사언의 시조로, 예전 우리 교과서에도 실렸을 만큼 유명한 시다. 우리 선조들에게도 중국 태산은 꼭 한번 가보고 싶은 동경의 공간이었다. 사실 태산은 그리 높지 않다. 1,532미터로 우리의 지리산과 비슷한 높이고, 중국 곳곳에는 태산보다 높은 산들이 수없이 많다. 하지만 이웃 나라 조선의 선비가 시의 소재로 삼을 정도로 태산이 유명한 데는 이유가 있다. 바로 태산의 상징성 때문이다. 태산은 역대의 수많은 황제들이 올라 하늘에 제사를 지낸 곳이며, 수많은 난다 긴다 하는 시인 묵객들이 올라 흔적을 남긴 중국의 명산 중 명산이다. 중국에서는 중원을 중심으로 방위에 따라 다섯 개의 산을 오악(五岳)이라고 하는데, 태산은 예로부터 그 오악 중에서도 으뜸이라고 불렸다. 태산에는 진시황도 올랐고 공자도 올랐다. 역사의 거인들이 올라 이름을 남긴 산이니 그 안에는 수많은 이야기들이 있을 터이다. 또한 이런 이야기도 있다. "태산에 한 번 오를 때마다 10년씩 젊어진다." 그리하여 일 년 내내 관광객들이 끊이지 않는 곳이고, 중국은 물론 해외 관광객들에게도 사랑을 받는 명소로 이름이 높다.

태산에 오르려면 일단 태안(泰安)으로 가야 한다. 태안까지는 전국 각지에서 기차로 연결되어 있고 그곳에서 태산 입구까지는 버스 편이 있다. 이처럼 태산은 산동 태안시 인근에 있는 산인데, 내가 갔을 때만 해도 교통편이 그리 좋지 않았다. 산동성은 지형이 거의 평평한 평지인데 태산은 그 속에 우뚝 솟아있어 더 신기하게 느껴지는 것 같다. 지금은 태산 가는 교통편도 잘 되어있고, 등산 코스에 케이블카도 있으니 보다 편하고 쾌적하게 오를 수 있다. 내가 처음 태산에 오르던 96년에는 그런 편리한 시설이 없었지만, 대신 내게 이십대로서의 패기가 있었다. 그렇게 나는 내 두 발로 계단을 하나하나 디뎌 정상에 올랐다.

태산 입구에서는 대묘(垈廟)가 사람들을 반긴다. 진시황의 진나라 때부터 행해진 하늘에 대한 제사를 주관했던 곳이다. 시간의 장구함을 느끼며 이제 슬슬 본격적으로 태산 등반에 나설 차례. 일천문(一天門)을 지나 한참 계단을 오르면 중천문(中天門)에 다다른다. 정상까지 한없이 이어지는 돌계단을 오르다보면 숨이 턱 밑까지 차오르게 되는데, 가도 가도 끝이 없다. 정말이지 '갈수록 태산'이라는 말이 절로 나올 지경이다. 그렇지만 그런 피로를 상쇄하는 것은 기암괴석, 수려한 풍경, 그리고 깊은 역사의 흔적이다. 중천문을 지나 계속 오르면 드디어 남천문(南天門)이 나오고 정상에 도달하게 된다. 중천문까지는 버스로 갈 수 있고, 중천문에서 남천문까지는 케이블카를 이용할 수도 있으니 시간과 체력 여하에 따라 적절히 안배하면 되겠다.

내가 태산에 올라간 과정을 조금 더 구체적으로 이야기해보면 이렇다. 1996년 가을, 군대를 막 제대하고 산동 대학에서 어학연수를 하던 나는 함께 공부하던 선배 둘과 태산에 올랐다. 아마도 중양절 즈음, 중국인들이 너도나도

태산

산에 오르던 기간이었는데, 그때 우리가 택한 코스는 밤에 올라 아침에 태산의 일출을 보는 것이었다. 선선한 밤에 오르는 것까지는 좋았는데, 끝없이 이어지던 돌계단을 오르며 힘들어했던 기억이 강렬하다. 게다가 정상에 도착한 것은 새벽, 아직 해가 들지 않는 산지의 날씨는 장난 아니게 추웠다. 특이한 게 얼마간 돈을 받고 두꺼운 솜 외투를 빌려주는 사람들이 있었다. 그걸 입고 새벽까지 버티다가 드디어 솟아오르는 태양을 보았다. 우리처럼 태산의 일출을 보기 위해 수많은 사람들이 그때 그곳에 있었다.

3. 물의 도시, 제남

제남(濟南)은 산동성의 중심 도시, 즉 성도다. 산동성 곳
곳으로 연결되는 사통팔달의 교통 요지이자 인구 500만
의 대도시이다. 제남은 예로부터 천성(泉城), 즉 샘물의 고
장으로 유명했다. 곳곳에서 맑은 샘물이 솟아올라 큰 연못
을 이루고 있는 것이 신기하다. 또한 제남의 북쪽으로는
황하가 흐르고 있고 시내 한가운데에는 천불산(千佛山)이
솟아있다.

제남은 개인적으로도 인연이 있는 곳이다. 1996년 처
음 중국에 발을 내디뎠는데, 그때 제남의 산동 대학에서
어학연수를 했다. 말하자면 중국과의 본격적인 첫 대면이
바로 이 제남에서 이루어진 셈이다. 지금 와 돌이켜보면
중국 입문의 첫 관문으로서 제남은 꽤 괜찮은 선택이었던
것 같은데, 깊은 역사와 찬란한 문화를 간직한 제남이 젊
은 날의 나에게 많은 것을 보고 듣고 느끼게 해주었기 때
문이다. 그게 인연이 되어 제남에 좋은 감정을 가지게 되
었고, 오며 가며 자주 들르게 되었다. 내 고향 수원도 물이
많은 도시인데, 그래서 더 애정이 가는 건지도 모르겠다.

대명호에서 풍류를 읊다

대명호

　대명호(大明湖)는 둘레가 6킬로미터에 이르는 큰 호수다. 샘물의 도시답게 여러 갈래의 샘물들이 흘러들어 조성된 호수라고 할 수 있는데, 빼어난 경관이 감탄을 자아낸다. 그런 호수가 시내 한복판에 위치하고 있다는 것이 또 놀랍다. 예로부터 많은 시인 묵객이 대명호에 와서 그 아름다운 정취를 읊었다. 예컨대 당대 최고의 시인인 이백과 두보 역시 대명호에 발자취를 남겼다.

　20여 년 전 제남에서 어학연수를 막 시작하던 늦여름.

제남 역시 여름 더위로 유명한 곳이라 더위를 식히려 한국, 중국 친구들과 대명호에 가서 보트를 탄 기억이 난다. 연수 시절 내내 여러 번 대명호에 갔다. 몇 년 전 겨울, 학생들을 데리고 중국 여행을 갔을 때도 대명호에 잠깐 들렀는데, 새삼 대명호가 이렇게 아름다운 호수였나 하는 생각에 감개가 무량했다. 호수 먼발치로는 우뚝 솟은 시내의 고층 건물이 보이고 그 사이로 석양이 지는 모습이 일품이었다. 그리고 새로 지어졌다는 호수 언덕 위 북극각(北極閣)은 웅장한 자태를 뽐내고 있었고, 그 위에서 바라보는 대명호의 전경과 제남 시내의 풍경은 절로 감탄을 자아냈다.

천하제일 표돌천

제남 곳곳에 수없이 많은 샘물이 있는데, 그중 으뜸으로 치는 것이 바로 표돌천(趵突泉)이다. 입구에는 '천하제일천'이라는 문구가 큼직하게 걸려있는데, 청나라 황제 건륭제가 한 말이라고 한다. 대명호에서 멀지 않은 곳이라 도보로도 쉽게 갈 수 있다. 맑게 솟아나는 샘과 그 주위를 멋지게 감싸고 있는 버드나무와 각종 나무와 꽃, 명청 시대의 고건축과 중국 특유의 그 회랑까지. 그 멋과 분위기에 언제나 많은 사람들이 찾는 곳이다.

표돌천

　한 가지 개인적인 추억을 덧붙이자면, 그곳에서 경극 공연을 처음 보았다. 알아들을 수도 없는 경극 특유의 소리에 재밌는 복장과 분장을 한 배우들, 그리고 그들 주위를 둘러싼 많은 관객들. 누구라 할 것도 없이 다들 즐거운 모습들이었다. 그때가 아마도 국경절 즈음이었던가. 벌써 아득한 옛 기억이지만, 그 표돌천의 신기한 풍경들, 그리고 경극이 펼쳐지던 즐거운 분위기가 인상에 남아있다.

천 개의 불상, 천불산

제남 3대 명소에 들어가는 천불산(千佛山)도 한 번 오른 적이 있다. 천불산은 300미터 남짓한 작은 산이지만 깊은 역사를 자랑하는 곳이다. 천불이라는 이름은 말 그대로 수많은 불상이 있다고 해서 붙여진 이름인데, 수나라, 당나라 이래 여러 절과 불상이 더해져서 오늘날의 모습이 만들어진 것이다. 천불산은 전설 속 황제 순임금이 농사를 지었다는 설화가 전해지는 곳으로 예전에는 역산으로 불렸다.

중국의 많은 산이 그렇듯 천불산도 돌계단으로 이어져 있다. 높지 않기 때문에 부담스럽지 않게 오를 수 있고, 주위에 불교 관련 유적과 관련 상품들도 많아 이름처럼 불교와 밀접한 산이란 걸 알 수 있다.

황하, 문명을 틔우다

제남 시내는 아니지만 제남에 왔다면 꼭 한번 황하(黃河)에 가서 눈으로 직접 그 강물을 보아야 한다. 양쯔강(양자강)과 더불어 중국을 대표하는 강이고, 저 찬란한 황하 문명

제남 황하

을 발아시킨 것이 바로 황하 아니겠는가. 그 황하를 제남 근처에서도 볼 수 있는 것이다. 시내에서 북쪽으로 약 5킬로미터 정도 떨어진 곳에 황하가 흐른다. 버스 편도 많으니 제남에 왔다면 쉽게 가볼 수 있다. 최근에는 공원이 조성되어 있어 더 많은 이들이 찾아온다. 탁 트인 경관 속에 도도히 흐르는 황토색 강물은 색다른 느낌을 선사한다. 황하라는 이름 그대로다. 강물이 어떻게 저렇게 누런색일까 정말 신기하게 느껴진다.

4. 어쩌다 초장시

중국 유학을 마치고 귀국한 뒤로도 1년에 한 번 정도는 방학 때 중국으로 여행을 떠나곤 했다. 여름방학일 때도 있고 겨울방학일 때도 있었다. 한 번 가면 대개 2주 정도 중국에 머물며 여기저기 다녔다. 자주 편하게 다닌 코스는 산둥성으로 들어가 산둥성, 하남성, 절강성 일대를 돌다가 마지막으로 상하이를 거쳐 들어오는 여정이었다.

어느 해 여름방학, 친구 한 명과 함께 중원 지역 여행을 하기로 하고 인천에서 위해로 들어가는 페리에 올랐다. 산둥성 위해를 거쳐 청도를 둘러본 뒤 공자의 고향 곡부로 향했다. 곡부에서 2,000년 전으로의 시간 여행을 마친 뒤 진짜 중원 지역이라 할 수 있는 하남성 쪽으로 이동하기로 했다. 갈 때마다 느끼는 거지만, 곡부는 다 좋은데 교통편이 다소 불편하다. 무엇보다 기차역이 없어 이동이 자유롭지 못하다. 곡부에서 하남성으로 넘어가는 기차를 타기 위해서는 버스를 타고 다른 도시로 이동해야 했다. 아무튼 물어물어 기차역이 있는 인근 도시로 나갔고 하남성 개봉행 열차표를 알아보았는데 역시나 표는 없었다. 예매가 보편화된 지금도 중국의 기차역에 가보면 표를 구하려는 엄청난 인파로 정신이 없는데, 십수 년 전의 중국에서는 뭐, 말할 필요도 없다. 그리고 나는 중국에 살면서, 또 졸업해 귀국한 뒤로도 중국에 갈 때 숙소든 교통편이든 미리 예매라는 걸 해본 적이 없다. 그냥 그때그때 되는 대로 해결했다. 그게 내 성격이고 중국에서의 내 라이프 스타일이었던 것이다. 아무튼 그 더운 여름날, 그냥 입석을 끊고 올라탄 개봉행 완행열차. 일단 되는 대로 가보자고 호기롭게 올라탔지만, 에어컨도 돌지 않는 기차 칸에 입석도 만원. 얼마 못 가 그냥 훌쩍 내렸다. 그곳이 바로 일정에 전혀 없던 곳, 산동성 조장(棗莊)시였다. 사실 발길 닿는 대로의 여행이었으니 우연이랄 것도 없었다.

조장시, 좋은 인상으로 남아있다. 불볕더위로 지쳐있었는데 그날 조장은 시원하게 비를 뿌렸다. 온 김에 한 번 둘러보고 가자, 친구와 그렇게 결정하고 역 근처 숙소를 정하고 볼거리, 먹거리를 찾아 나섰다. 조장은 산동성의 여러 유명 도시들과 다르게 관광으로 알려진 곳은 아니다. 우리 역시 뭘 기대하고 내린 곳이 아니었기에 그냥 편하게 시내를 둘러보고 한 박자 쉬어가는 텀으로 생각했다. 참고로 조장의 볼거리를 꼽으라면 한참 외곽에 위치한 타이얼쫭 고성이다. 우린 거기까지는 가지 않았다.

조장에서의 하룻밤. 해가 넘어간 저녁, 숙소 앞 식당 노점에서 양꼬치와 여러 반찬들, 예컨대 가지 볶음, 위샹러우쓰(鱼香肉丝, 어향육사), 꽁바오지딩(宮保鷄丁, 궁보계정) 그리고 칭다오 맥주 한잔 걸치며 여유롭게 한 여름밤을 보낸 기억이 남아있다. 그렇게 조장에 대한 기억은 우연히 들러 더위를 식히고 조금은 빡빡한 여정에 틈새를 만들어준 작은 마을의 여유 있는 저녁 시간으로 남겨진 것이다.

많은 시간이 흐른 뒤 내가 가르치는 학생들이 중국의 여기저기로 단기 교환 학생, 어학연수를 갈 때 조장에 있는 조장 대학으로 가는 학생들도 있었다. 조장에 대해 묻는 학생들에게 나는 말했다. "어 그래, 조장 좋지, 거기 좋아!" 인연이 또 이렇게 연결되는구나, 하는 생각이 들었다.

5. 아름다운 해양 도시 청도

반년간 어학연수를 했던 제남과 더불어 내가 산동성에서 가장 자주 갔던 곳이자 그리하여 익숙한 도시가 청도(靑島), 즉 칭다오다. 청도하면 일단 떠오르는 게 대개 이런 거다. 깨끗한 해안 도시, 과거 독일의 조차지, 청도 맥주, 그리고 중국 도교의 명산 노산 등등.

청도는 많은 중국인들이 살고 싶어 하는 휴양 도시다. 그만큼 깨끗하고 아름다운 해변이 유명하다. 그런 천혜의 환경을 지닌 덕에 2008년 북경 올림픽 때 청도에서는 요트 경기가 열린 바 있다. 청도는 사실 인구가 천만에 가까운 대도시다. 지리적으로 한국과 아주 가까워 우리 한국인들이 가장 많이 거주하는 도시 중 하나고, 인천과 뱃길도 연결되어 있어 더욱 가깝게 느껴지는 곳이기도 하다. 개인적으로도 청도 가는 배를 많이 이용했고 그래서 더욱 친숙하다.

또한 청도는 중국 속 유럽이라고 불릴 만큼 이국적 풍광을 간직한 도시다. 아픈 역사의 일부이지만 과거 청도는 독일의 조차지였고 이후에는 일본의 지배를 받기도 했다. 도시 곳곳에 독일식 건축물들이 많다거나 맥주가 유명해 진 것 역시 그런 역사와 관련이 있다. 청도에서는 중세 고 딕 양식을 비롯하여 바로크, 르네상스식의 다양한 건축물 들을 만날 수 있다. 아름다운 산과 바다, 그리고 유럽식 건 축물들이 즐비한 청도는 특유의 이국적이고 낭만적인 풍 광을 연출한다.

청도의 또 다른 특색 중 하나는 도교의 성지인 노산(崂 山)을 갖고 있는 도시라는 점이다. 1,000여 미터의 높이를 가진 노산은 중국 도교의 8대 발상지 중 하나다. 특히 바 다를 앞에 두고 우뚝 솟아있어 빼어난 풍광을 자랑하며 역 대로 신성시되어 왔다. 정상까지는 걸어서 대략 10시간이 걸린다. 마음먹고 등산을 하는 경우가 아니라면 노산을 걸 어 올라가는 건 부담스럽다. 여느 관광지나 마찬가지로 케 이블카가 마련되어 있으니 그걸 이용하면 된다.

청도 시내에서 가장 쉽게 유럽풍 건축물을 만나려면 천 주교당을 찾아가면 된다. 쌍둥이 첨탑으로 이루어져 우뚝 솟아있기에 쉽게 찾을 수 있다. 게다가 야트막한 언덕 위 에 위치해 있다. 성당 앞에서 웨딩 촬영이나 연인끼리 커 플 사진을 찍는 풍경을 흔히 볼 수 있다.

청도

　흔히 청도를 중국 속 유럽이라고 하는데, 왜 이런 별칭이 붙었는지는 팔대관(八大館)에 가보면 제대로 알 수 있다. 유럽 각국의 건축물이 모여있는 별장촌이라 할수 있는데, 청도에서 경관이 가장 좋은 곳에 위치하고 있다. 독일은 물론 영국, 이탈리아, 러시아, 일본 등 여러 나라들의 건축양식이 섞여 있는데 200여 채의 건물이 있어 소위 '만국 건축 박람회'라는 별칭이 있을 정도다. 그중에서도 러시아

귀족의 저택이었던 화석루를 비롯, 팔대관빈관, 원사루 등이 특히 유명하다.

청도 바닷가에 설치된 잔교(棧橋)도 빼놓을 수 없는 볼거리다. 청 말, 열강의 침입에 대비하여 청나라 해군의 화물 접안 기지로 건설된 다리다. 해변에서 바다 안쪽으로 길게 방파제를 쌓고 그 끝에 회란각이라는 정자를 만들어 두었다. 잔교 일대는 놀러 나온 사람들로 항상 만원이다. 출렁이는 바다, 끼룩대는 갈매기들, 그리고 산책하는 사람들. 잔교는 해양 도시 청도를 꽤나 낭만적으로 채색하는 장소 중 하나다.

해안 도시이자 유명 관광 도시 청도는 먹거리로도 유명한 도시다. 유명한 산동 요리들은 기본이고, 온갖 꼬치구이들을 파는 꼬치 거리, 면 요리와 만두류, 그리고 청도식 가정 요리 전문점도 인상적이다. 그리고 무엇보다 싱싱한 해산물 요리가 유명하다. 특히 각종 조개 요리가 기억에 남는데, 유명한 청도 맥주와 곁들여 먹으면 환상의 콜라보다.

6. 가장 가까운 도시 위해

산동은 한국에서 가장 가까운 중국이다. 한국에서 새벽 닭이 울면 산동의 닭들이 따라 운다는 말이 있을 정도다. 그 산동성 중에서도 가장 가까운 곳이 또한 위해(威海)시다. 비행기로 가면 한 시간 남짓이고, 배를 타면 17시간 정도 걸린다. 나는 인천에서 위해로 들어가는 배를 많이 탔는데, 저녁쯤 출발해 자고 일어나면 위해에 도착한다. 속도가 가치인 이 시대에 배를 왜 타냐고 물을 수도 있겠다. 하지만 배는 배 나름의 맛과 멋이 있다. 여유와 낭만을 느낄 수 있다고 할까. 결코 돈을 아끼려는 목적이 아니다. 그래서 개인적으로 바쁜 일정이 아니면 배를 타고 중국에 들어가는 루트를 좋아했다. 느긋하게 수속을 하고, 또 여유로이 배를 탄다. 배가 출발하려면 한참을 기다려야 한다. 배가 천천히 출항을 하면 어둠이 내려앉는다. 갑판에 서서 배가 인천대교 밑으로 빠져나가는 것을 보는 것은 근사한 일이다. 배 안의 식당도 좋고, 이런저런 편의 시설도 맘에 든다. 친구나 가족, 동료들과 바다 위에서 밤늦도록 이야기를 나누는 시간도 좋고, 갑판에 나가 시원한 바닷바람을 맞으며 배 아래 펼쳐지는 시커먼 바다 풍경을 바라봐도 좋다. 운이 좋으면 고래를 구경할 수도 있지 않을까 하는 기대를 가지고 말이다. 이윽고 출렁이는 파도를 느끼며 잠이 든다. 아침에 깨어나면 이미 도착해 있는 경우가 많다.

사실 산동성 위해는 배가 도착하는 경유지 정도로 삼고 대개 청도나 북경으로 바로 출발하는 경우가 많았다. 다시 말해 진득하게 둘러볼 생각을 해본 적이 거의 없다. 그러던 어느 해, 그때도 인천에서 배를 타고 위해에 도착했다. 발길 닿는 대로의 자유 여행이었으니 한 번 정도는 위해를 둘러보자 싶었다. 그래서 지도를 들고 여기저기 찾아가 보았다.

환취루 공원

환취루(環翠樓) 공원은 위해 시내 한쪽에 있어 접근성이 좋고, 높은 곳에서 바다를 바라볼 수 있어 전망도 훤해 많은 이들이 찾는 곳이다. 말 그대로 환취루라는 이름의 누각을 중심으로 조성된 공원인데, 주변에 조경도 잘 되어 있어 산책 삼아 가기에도 부담 없는 곳이다. 환취루까지는 완만한 높이로 계단이 쭉 이어져 있어서 이것저것 구경하

며 올라가면 된다. 5층으로 지어진 환취루는 각 층마다 도
자기며 미술품 등 다양한 볼거리가 있다. 꼭대기 층인 5층
에서 내려다보면 사방팔방이 다 보인다. 위해시 전경이 한
눈에 들어오고 바다 풍경도 볼 수 있다. 가슴이 탁 트이는
공간이다.

유공도

위해 부두에서 배로 20여 분 들어가면 유공도(劉公島)라
는 섬이 나온다. 유공도는 위해만을 끼고 있는 천혜의 요
새로 청나라 해군 기지로 명성을 떨쳤던 곳이다. 청나라
말 북양해군이 창설, 그 기지로 삼았던 곳이 여기 유공도
다. 1894년 갑오년 청일 전쟁이 섬의 동쪽에서 벌어졌다.
이렇듯 역사의 주요 현장이다 보니 관련 유적이 많다. 대
포를 쏘던 포대 등이 인상적이다. 또한 청일 전쟁을 기념
하는 갑오 전쟁 기념관이 있는데, 대형 함대를 포함하여
당시 사용되던 여러 기구들이 전시되어 있다. 교육 차원에
서도 전국 곳곳에서 유공도를 찾아오는 학생들과 관람객
들이 많다.

유공도

7. 숨겨진 문화 관광 도시, 연대

한국의 중국 음식점에 가보면 흔히 볼 수 있는 중국 고량주 중에 옌타이꾸냥(煙臺姑娘, 연대고냥)이라는 술이 있다. 비싸지 않고 맛과 향도 좋은 편이라 대중적으로 자리를 잘 잡은 것 같다. 물론 연대고냥은 중국에서도 대중적으로 사랑을 받는 술이다. 술을 좋아하는 술꾼들은 연대를 따로 한번 가봐도 좋을 것 같다. 연대고냥 외에도 수많은 고량주들이 연대에서 생산되기 때문이다. 물론 연대는 술 외에도 볼거리, 먹거리가 풍부한 해안 도시이다. 게다가 산동성이니 거리도 가깝고 청도, 위해처럼 한국과의 배편도 마련되어 있는 항구 도시다.

연대(煙臺)는 예로부터 입지 좋고 수심이 깊은 천혜의 항구가 자리 잡아 일찍부터 해양 무역이 발달한 도시라 할 수 있다. 근대에 들어 영불 연합군에 의해 점령된 바 있고, 대외 무역항으로 더욱 크게 발전되면서 항구 일대가 크게 번성했다. 하지만 이후 독일에 의해 청도가 개발되면서 연대는 상대적으로 쇠락했다. 1970년대 이후 산동성 농산물

연대

의 집결지로 번창했고, 대규모 어업 기지도 건설되면서 조선업 등이 활기를 띠고 있다. 또한 앞서 말한 것처럼 다양한 술을 생산하는 양조 공장도 많이 들어서 있다.

연대에 간다면 어디를 둘러보면 좋을까. 먼저 연대의 랜드마크 격인 연대산에 한번 올라 바다와 도시 풍광을 조망해보면 좋을 것 같다. 연대라는 도시의 이름도 명나라 때 이곳에 세워진 봉연대에서 유래된 것이다. 봉연대란 적의 침입을 알리기 위한 봉화를 말하는 것이다. 그만큼 사방팔방 풍경이 한눈에 들어오는 곳이다.

연대 진사탄(金沙灘)과 연대 제일해수욕장 일대는 우리의 해운대나 경포대처럼 멋진 해변을 가지고 있고 해안가를 따라 위락 시설이 들어온 대형 관광지다. 사철 전국에서 휴가를 즐기러 온 사람들로 북적거린다. 모래가 좋고 물도 맑아 해수욕을 즐기기에 제격이다. 최근에 지어진 대형 수족관인 연대 고래상어 아쿠아리움도 한번 가볼 만하다. 고래상어와 상어를 테마로 한 특색 있는 수족관이다.

시내 쪽에도 가볍게 둘러볼 만한 곳이 많은데, 하나 예를 들라면 명나라 때 건축물들을 보전해 놓은 거리인 소청리(所成里)를 들 수 있다. 도시 한복판에서 과거로 시간 여행을 떠나볼 수 있는 곳이다. 좁은 골목, 특색 있는 건축물들이 시선을 끌고 푸근한 느낌을 전해준다. 그 외에도 진시황이 방문했다는 양마도, 수많은 전설을 간직한 곤륜산 등등 연대와 그 주변엔 수많은 명소들이 있다.

연대는 산동성의 여러 도시들에 비해 상대적으로 덜 알려졌지만, 무수한 문화 유적을 간직하고 있어 볼거리가 많고 고량주를 필두로 다양한 먹거리가 있는 산동성의 또 다른 문화 관광 도시라고 할 수 있다.

2장

북경, 천진, 석가장

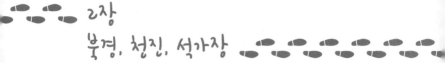

2장
북경, 청진, 석가장

　　중국의 수도 북경(北京). 그 자체가 갖는 무게감도 상당
하고, 수많은 문화 유적을 보유하고 있는 덕에 세계적인
관광지로도 명성이 높다. 지리적으로 가까운 우리 한국인
에게도 북경은 너무나 잘 알려진 곳이고, 또 중국 어느 곳
보다도 한국인이 가장 많이 방문하는 곳일 것이다. 그 안
에는 수많은 역사 고사와 그와 관련된 문화 유적이 있으며
그 밖에도 볼거리, 먹을거리, 즐길 거리가 가득하여 언제
나 사람들로 넘쳐난다. 이미 북경에 관한 많은 이야기들이
나와 있지만, 나는 나대로 북경에 대한 개인적인 체험과
그에 대한 사유를 좀 적어보려고 한다.

　　다음으로는 천진(天津)과 석가장(石家莊)이다. 천진과 석가
장은 물론 그 자체로 대도시지만, 아무래도 북경을 둘러싼
관문 도시의 느낌이 물씬 난다. 이런 비유를 해볼 수 있을
것 같다. 북경과 함께 중국 4대 직할시 중 하나인 천진은
수도 북경과 측근 거리에 있는 항구 도시로 우리로 치면
인천 정도가 연상되는 곳이고, 북경을 둘러싸고 있는 하북

성의 중심 도시 석가장은 우리로 치면 경기도의 중심지 수원 정도로 비교해볼 수 있을 것 같다.

북경이야 관광으로도 또 이런저런 일로도 늘 가게 되는 곳이지만, 인근의 천진과 석가장은 자세히 살펴보지 못하고 늘 그냥 스치듯 지나갔던 적이 많다. 기회를 잡아 자세히 둘러보니 그곳 역시도 볼거리와 스토리가 많은 곳이었다. 이번 장에서는 그런 이야기를 조금 해보고자 한다.

1. 겨울, 북경

중국을 전공하게 되면서 중국의 수도 북경에 수없이 가 봤지만 겨울에 대한 인상이 가장 깊다. 실제로 사계절 중 겨울에 방문한 적이 가장 많았던 것도 같다. 그러나 방문 횟수보다도 북경의 그 차갑고 건조한 날씨, 특유의 매캐한 매연, 즉 전반적으로 겨울의 이미지가 강렬해서 뇌리에 박힌 것 같다. 북경은 우리 서울과 비슷한 위도에 위치한다. 온도는 비슷하나 내륙에 위치한 터라 강수량은 600밀리미터 안팎에 그치는 건조한 날씨를 보인다. 겨울에는 영하 10도를 밑도는 날씨지만 눈은 별로 내리지 않는다. 북경의 겨울은 매연과 미세먼지로 악명이 높다. 최근 들어서는 정부의 강력한 조치로 한결 개선되었지만, 북경 외곽에 위치한 공장의 매연이 많고 석탄, 연탄이 아직도 많이 사용되기에 겨울 북경의 대기질은 심각하다.

그럼에도 나는 겨울에 북경 가는 걸 좋아한다. 겨울, 정신이 번쩍 들 정도로 싸하고 찬 바람 속에서 만리장성에 오르는 기분은 각별하고, 얼음이 꽝꽝 언 이화원 곤명호

겨울 북경

를 신나게 달리는 그 경험도 잊지 못한다. 노을 지는 겨울 오후의 자금성이 정말 멋지다고 생각하고, 천단 공원, 원명원의 그 아득한 겨울 풍경도 좋아한다. 뿐인가. 언제 가도 수많은 이들을 볼 수 있는 천안문 광장과 젊은 친구들이 많이 모이는 스차하이의 겨울밤도 멋지고, 번화가 왕푸징의 활기도 내가 북경에서 좋아하는 것들이다. 거대한 크기로 사람을 압도하는 중관촌 일대, 중국 지성의 산실 북경 대학 일대도 북경에 가면 자주 가는 곳이다. 북경은 워낙 볼거리가 많아 돌아보려면 시간을 좀 넉넉히 잡아야 한다. 하루 이틀 안에 북경을 다 보겠다는 건 어림없는 생각이다. 적어도 한 일주일쯤 잡아야 대강의 모습이라도 살펴볼 수 있을 것이다.

　요즘은 세계 어딜 가도 미리 숙소를 예약하고 가는 게 일반적이지만, 나는 그때그때 현장에서 숙소를 잡는 것을 좋아한다. 특히 중국의 경우엔 더욱 그렇다. 개인적으로 중국과 친숙하기도 하고, 그만큼 잘 안다고 생각해서인지도 모르겠다. 주인이랑 방값 흥정도 좀 하고 그래야 중국에 온 것 같은 기분이 든다. 일단 숙소를 잡았으면 짐을 풀고 편안한 마음으로 숙소 인근을 둘러보면 된다. 북경은 워낙 명소가 많으니 분명 숙소 인근에도 가볼 만한 곳이 많을 것이다. 첫날은 그저 그렇게 가볍게 둘러봐도 좋을 것 같다. 가령 몇 년 전 겨울, 학생 몇몇과 떠났던 중국 배낭여행의 일정을 생각나는 대로 말해보면 대략 이러하다. 산동성 청도에서 기차를 타서 오후쯤 북경남 역에 도착한 우리는 지하철 옹화궁 역 근처에 위치한 한 유스호스텔에 짐을 풀었다. 가볍게 숙소를 나와 이런저런 간식을 사 먹으며 거리를 어슬렁대다가 바로 옆에 위치한 북경 최대의 티베트 불교 사원인 옹화궁을 대충 쓱 살펴본다. 엄청난 크기의 미륵상이 시선을 끈다. 청의 옹정제가 티베트 불교를 위해 기증한 후, 건륭제가 대대적으로 확장을 한 사원이다. 옹화궁을 둘러본 후 역시 멀지 않은 곳에 위치한 핫 플레이스 스차하이로 향한다. 호수를 끼고 조성된 거리엔 재밌는 볼거리와 멋진 카페와 음식점들이 잘 꾸려져 있어 꽤 낭만적인 분위기를 풍긴다. 곳곳에 멋진 조명과 장식품들이 더해져 겨울밤을 한층 더 분위기 있게 만들어 준다. 언뜻 우리네 이태원 같은 느낌도 들고 확실히 젊은 친구들이 많이 몰려 있다.

이튿날부터 본격적인 북경 관광이 시작된다. 북경의 유적지들은 워낙 스케일들이 커서 제대로 보려면 부지런히 발품을 팔아야 하고 일찍 움직여야 한다. 중국에서의 아침 식사는 지역을 막론하고 대동소이한데, 대략 만두와 딴빙, 그리고 더우장(두장)과 유탸오(유조) 정도면 충분하다. 아침을 먹은 뒤 옹정궁 역에서 지하철을 타고 북경의 중심 천안문 광장으로 향한다. 천안문 역에서 내려 에두르지 않고 곧장 천안문 광장으로 나간다. 아침부터 이미 엄청난 인파를 보게 된다. 한 가지 특이사항, 요즘엔 천안문 광장에 나가려면 검색대를 통과해서 가야 한다. 뭘 이렇게까지 하나 싶은데 어쩌겠나, 거기선 그게 법이니.

엄청난 규모의 광장, 백만이 운집할 수 있는 세계 최대 규모의 광장이니 각양각색의 다양한 사람들과 풍경들을 만날 수 있다. 천안문 광장에 서 보면 북경이란 도시의 특징이 피부로 다가온다. 즉 과거와 현재가 서로 마주 보고 있다는 느낌을 받는다. 광장을 좀 둘러봤으면 다음엔 광장과 연결된 자금성으로 들어가 볼 차례다. 아마 여름이라면 이쯤에서 이미 체력이 바닥날지도 모른다. 그러나 엄청난 규모의 자금성 관람은 이제부터 시작이다.

2. 북경을 걷다

마지막 황제, 자금성의 황혼

자금성

1988년 아카데미 영화제에서 무려 9개의 트로피를 가져간 영화 <마지막 황제>, 거대한 스케일로 파란만장한 청나라 마지막 황제 푸이(溥儀)의 일생을 유려하게 담아내며 깊은 감동을 자아낸 영화다. 외부인에게 처음으로 자금성(紫禁城) 내 촬영이 허가된 케이스이기도 하다. 1988년

1월인가 2월로 기억이 되는데, 고등학교 입학을 앞둔 나는 근처에 사는 대학생 사촌 형과 함께 이 영화 <마지막 황제>를 보러 극장에 갔다. 극장의 큰 스크린에서 펼쳐지는 푸이의 굴곡진 삶과 자금성의 그 거대하고 웅장한 규모는 사춘기의 나에게 깊은 인상을 주었다. 그로부터 8년 뒤 1996년 겨울, 중국어를 전공하게 된 나는 북경의 자금성을 찾아가 직접 눈으로 확인했다. 그곳의 엄청난 규모와 정교하고 아름다운 갖가지 건축물들을 보자 감탄이 절로 났다. 영화를 볼 때도 속으로 그 규모를 짐작해보고는 했는데, 실제로 본 자금성은 생각 이상으로 더 거대했다. 봐도 봐도, 걸어도 걸어도 끝없이 펼쳐지는 자금성의 풍경들. 자금성의 첫인상은 우선 사람을 압도하는 스케일이었다.

중국을 전공 삼아 더 공부하게 되고 이후 여러 번 자금성에 가게 된 뒤부터는 그 안에 담긴 역사와 문화, 사람들에 대해 좀 더 알게 되었고, 다양한 각도에서 자금성을 바라보게 되었다. 관심과 애정이 있다 보니 관련된 책들도 좀 사서 읽게 되는데, 예컨대 레지널드 존스턴의 『자금성의 황혼』은 국내에 번역되자마자 사서 읽었다. 700페이지가 넘는 두꺼운 책이지만 무척 흥미롭고 재밌게 읽었다. 북경에 사는 중국인 친구는 자금성과 그 성문을 전문적으로 다룬 중국 책을 선물해주기도 했는데, 기회가 되면 번역을 할 생각도 있다.

북경이란 도시는 명, 청대 황제의 궁이었던 이 자금성을 둘러싸는 형태로 구획되고 발전해 나갔다. 그래서 북경은 바둑판처럼 반듯반듯 직선으로 이어져 사각형을 이루고 있는 형식이다. 외곽 순환도로들의 명칭도 그래서 1환, 2환, 이런 식으로 되어있다.

자금성 안의 여러 건축물들, 높다랗고 붉은 성벽, 그리고 군데군데 마련해 놓은 통로들, 수많은 조각상과 무늬들이 다 멋지고 우아하다. 겨울에 자금성 안을 걷는 일은 그래서 꽤나 근사한 일이다. 해가 넘어갈 무렵, 자금성에 비끼는 노을은 정말 일품이고, 높은 성벽 아래를 천천히 걷다 보면 저절로 까마득한 시간 여행을 하는 듯한 묘하고 아득한 기분을 느끼게 된다. 물론 자금성을 좋아한다면 언제가도 좋을 것이고, 자금성을 좀 깊이 보려면 적어도 봄, 여름, 가을, 겨울 사계절의 자금성을 경험해봐야 할 것이다.

이화원, 서태후

북경에 와서 천안문, 자금성을 봤다면 다음으로 이화원(頤和園)을 보러 가는 이들이 많을 것이다. 청대의 여름 별궁으로 알려진 이화원은 자금성과는 또 다른 느낌으로 다가오고 아름다운 모습으로 감탄을 자아낸다. 엄청난 규모의 호수와 그 호수를 내려다보는 산, 그리고 웅장하고 화려한 건물, 누각, 그리고 다리, 섬까지 이화원 역시 놀라운 시각적 성찬이다. 그리고 그 모든 것이 인공적으로 만들어진 것이라는 점이 또한 놀랍다. 인공으로 산을 쌓고 호수를 판 것이다. 수백 년간 황제의 별궁으로 사랑받아 온 이화원은 19세기 중엽 북경을 침략한 영불 연합군에 의해 불태워지는 비극을 겪게 되는데, 그것을 다시 오늘날의 거대하고 화려한 이화원으로 재건한 이가 바로 서태후(西太后)다. 당시 청은 서구 열강의 침략으로 무력하게 무너져가던 풍전등화의 상황. 하지만 서태후는 자신의 오락과 만족을 위해 군비에 쓰일 돈을 끌어다가 이화원의 재건 공사에 사용한다.

호수의 크기가 어마어마해서 한 바퀴 도는 데만 한 시간 이상 걸릴 것이다. 그 호수를 만들기 위해 파낸 흙으로 인공 산을 쌓았다고 하니 신기할 따름이다. 이화원에는 봄이나 가을에 가도 빼어난 정취로 감동을 주지만, 영하로 뚝 떨어지는 추운 겨울에 가면 꽝꽝 언 호수를 걸어보는 멋진 경험을 할 수 있다. 누각에서 호수를 바라보는 풍광도 멋지지만, 반대로 호수 한가운데서 인수전이나 만수산, 불향각을 바라보는 것 또한 근사하다. 그 넓은 호수를 동

이화원

서남북으로 달려보며 맛보는 시원함도 덤이다. 장랑(長廊)
이라 불리는 중국 특유의 긴 회랑을 천천히 걷는 것도 색
다른 기분을 느끼기에 그만이다.

만리장성에 올라야 대장부다

자, 다음으로는 중국을 상징하는 건축물 만리장성이다.
달에서도 보인다 하니 중국을 넘어 인류의 자산이라고 해
야 할 것이다. 장성에 대한 수많은 이야기와 찬사가 있지

만리장성

만 개인적으로 가장 인상적인 구절은, 모택동이 했다는
"만리장성에 오르지 않으면 대장부가 아니다."라는 말이
다. 그만큼 웅장하고 거대한 바, 장성에 올라 이른바 호연
지기를 기르라는 말일 터이다. 세계적인 문화유산인 만큼
사시사철 관광객들이 끊이지 않는데, 추운 겨울엔 상대적
으로 좀 덜 붐빈다.

만리장성을 보는 포인트는 여러 군데인데 가장 많은 이들이 찾는 곳은 역시 팔달령(八達嶺)이다. 북경 시내에서 멀지 않고 산을 타고 험하게 굴곡진 구간이라 만리장성의 진면목을 보여주는 구간이다. 시내에서 장성 전용 버스를 타고 가는 방법이 가장 대중적이고 저렴한 방법이다. 버스 안은 중국 전국 각지와 해외에서 온 사람들로 늘 만원이니 이런저런 이야기를 나누며 가는 재미도 쏠쏠하다. 팔달령까지 한 시간 좀 넘는 시간이다.

장성 초입에 식당과 가게가 좀 있고, 그걸 지나면 본격적으로 장성에 오르게 된다. 경사가 좀 있긴 하지만 그리 힘든 정도는 아니다. 산등성이다 보니 매서운 칼바람이 불지만 멋진 풍경 앞에 별 장애물이 되지 않는다. 사람들은 각자 열심히 카메라 셔터를 눌러보지만, 장성의 그 거대함과 웅장함을 담아내기엔 역부족이다.

성곽의 도시 수원이 고향인 나는 틈날 때마다 산책 삼아 성곽을 걷는다. 나이가 들수록 점점 더 고향의 화성이 좋아진다. 그런 인연이 있어서인지 나는 북경에서 자금성과 이화원, 천단 공원, 원명원 등의 궁전과 만리장성을 걷는 것을 무척 좋아하고 갈 때마다 빠뜨리지 않고 찾는다.

3. 봄, 북경

연일 한파에 눈까지, 겨울 느낌 제대로 나는 즈음이다.
겨울은 추워야 제맛이라지만 이렇게 추운 날씨에는 또 따
뜻한 봄이 그리운 법이다.

나는 상하이에서 박사 유학을 했다. 때문에 상하이를
비롯하여 강소성, 절강성 등 물 많고 따뜻한 강남 지역이
가장 익숙하다. 하지만 강남 지방에 앞서 먼저 가본 곳은
역시 수도 북경과 천진, 그리고 한국에서 가까운 산동성
일대다. 1992년 중국과 정식 수교를 맺은 직후인 1996년
에 산동성 제남에서 6개월 어학연수를 했다. 그때부터 북
경을 다니기 시작했고 중국의 수도인 만큼 북경 갈 일이
이래저래 많았다. 그래서 장기간 유학했던 상하이만큼은
아니지만 나에게도 북경은 제법 친숙하고 익숙한 도시라
고 할 수 있다.

앞서 겨울에 북경 이곳저곳을 다닌 이야기를 좀 했는
데, 이번에는 봄날의 북경에 대해 이야기해 볼까 한다. 사

봄, 북경 대학

실 사계절 어느 때 가도 좋은 것이고 딱히 봄날이라고 뭔가 특별한 건 아니지만 그래도 기억에 남아있는 어떤 이미지 같은 것들이 있어 그걸 좀 이야기해볼까 한다.

벚꽃 만발한 봄날, 이화원을 거닐어 본 적이 있다. 벚꽃의 화려함은 언제 어디서 봐도 아름답고 낭만적인데, 북경 이화원의 벚꽃도 참 멋지다. 쿤밍호수(昆明湖)의 둘레를 따라 늘어선 능수버들과 벚꽃 아래를 거닐면 잠시 복잡한 현실을 벗어나 아득한 옛날로 돌아간 것 같은 기분이 든다. 특히나 서제(西堤), 즉 서쪽 둑길을 걸으면 그 분위기가 제대로 느껴진다. 이 넓은 호수를 파고 인공산을 만든 서태후는 도대체 어떤 사람이었을까 하는 생각도 해보게 된다.

그리고 봄날의 캠퍼스, 북경대, 청화대를 둘러본 기억도 난다. 젊음의 활기가 가득한 데다가 봄의 생기가 더해지니 뭐랄까 낭만과 활기가 배가된다고 할까. 북경대도 청화대도 자연과 잘 조화된 멋진 캠퍼스를 가지고 있고 조경이 잘 되어 있어 언제 가도 산책하기 좋은 곳이다. 또 하나 기억에 짙게 남아있는 건 봄날 북경 전역에 날리는 꽃가루다. 좀 성가시긴 하지만 그 또한 봄날 북경에서 빼놓을 수 없는 상징(?) 중 하나인 것 같다. 현재 북경에서는 코로나가 다시 기승을 부리는 것 같은데, 가급적 빨리 상황이 진

정되었으면 하는 마음뿐이다. 병세도, 일상도 모두 회복되
어 다시 예전처럼 자유롭게 북경을 오갈 수 있는 날이 와
주길 희망한다.

4. 성곽의 도시, 북경

앞서 언급했듯이, 내가 사는 수원은 정조 때 축성된 화성이 있는 성곽의 도시다. 나이가 들수록 이 화성이 더 좋아져 틈날 때마다 성곽길을 산책 삼아 걷는다. 전체 길이도 그리 길지 않고 야트막한 산을 중심으로 둘러쌓인 구조기에 누구나 부담 없이 걸을 수 있다.

중국의 수도 북경은 거대한 성곽의 도시다. 황제가 머문 궁인 자금성의 규모는 어마어마하고 그 자금성을 에워싼 거대한 성곽이 존재했다. 지금은 대부분 성벽이 허물어지고 그 자리엔 현대적 건물들이 들어차 있지만 몇몇 성문은 아직 남아있다. 화려한 현대 건축물들이 즐비한 사이에 외롭게 서 있는 몇 개의 성문은 반대로 거대한 존재감을 발휘하며 옛 북경의 모습을 상상하게 만든다.

북경 지하철 2호선은 자금성을 둘러싼 옛 성문을 따라가며 조성되어 있다. 그래서 우리와 같은 순환선으로 구성되어 있는데, 흥미로운 것이 지하철의 역명이다. 과거에

북경, 덕승문

존재했던 9개의 성문을 역명으로 삼고 있다. 각각의 성문은 서로 다른 기능을 담당했는데, 예컨대 식량이 들어가는 문, 병사들이 출입하던 문, 죄수를 호송하던 문, 황제가 전용으로 사용하는 문 등의 역할을 담당했다.

  그중에서 덕승문(德勝門)은 예전 모습을 간직한 채 도시 한복판에 우뚝 살아있다. 현대와 과거가 대비를 이루면서 규모도 꽤 웅장해서 존재감이 더욱 크다. 덕승문은 과거 병사들이 출정할 때 사용되던 문이었는데, 중국어로 德은 得(얻을 득)과 발음이 같아서 그 이름에는 '승리를 얻는다'라는 의미도 있었다. 덕승문 역시 철거되었다가 80년대에 다시 제대로 복원된 성문이다. 물론 그나마 성루를 중심으로 약간만이 겨우 복원된 것이고 과거에는 훨씬 더 크고 웅장했던 성문이다.

덕승문 근처에 볼만한 곳으로 서해, 즉 시하이(西海)를 꼽을 수 있는데, 고대 북경 내의 물길, 즉 운하를 강화하기 위해 만든 호수이며 지금은 습지 공원으로 재개발되어 시민들의 많은 사랑을 받고 있다. 시하이는 또한 항주에서 북경까지 연결된 경항 대운하의 최종 종점이기도 해서 고대에는 수많은 배들로 북적이던 곳이기도 했다. 멋진 풍광을 바라보며 화려했던 과거를 가늠해보기도 했는데, 그저 아득할 뿐이다.

5. 북경, 원명원

북경에 와서 꼭 가봐야 하는 유적지이자 관광지 중 하나로 원명원(圓明園)을 빠뜨릴 수 없다. 원명원은 황제들의 정원으로 거대한 규모와 다양하고 화려한 건축을 자랑한다. 숲과 호수를 잘 가꿔놓고 있어 자연을 여실히 느낄 수 있는 공간이다. 자객을 방지하기 위해 나무 한 그루 심지 않은 자금성, 돌로 첩첩이 에워싸인 구중궁궐 자금성은 여름날 뜨거운 햇빛에 달궈져 얼마나 뜨거웠을까. 또 얼마나 사람을 숨 막히게 만들었을까. 만주벌판을 말달리던 만주족 황제들은 그들의 고향과 대자연을 그리워했고, 그리하여 이 원명원을 지어놓고 여기서 생활하기를 즐겼다. 이 멋진 황제의 정원은 유럽에까지 명성이 퍼져 동양의 베르사유 궁전이라 부르며 가보고 싶어 했다고 한다.

원명원은 청나라의 전성기를 구가하던 황제 강희제가 1708년 아들 옹정제에게 주려고 만든 것에서 시작되었다. 강희제는 중국이 세계의 중심이라 여기고 서양의 문물에 관심을 두지 않았지만, 흥미롭게도 이 원명원 안 한쪽에

원명원

당시 유행하던 서양식 건축물들을 화려하게 짓고 그것을 보며 즐겼다. 그것이 서양루다. 동양의 원림과 서양의 바로크 양식의 건축, 조각이 조화를 이루며 멋진 풍광을 완성했다.

이때까지는 좋은 세월이었다. 세계의 중심이라 자부했던 중국은 세상 돌아가는 판을 전혀 읽지 못했고, 결국 서구 제국주의 열강의 침략에 속수무책으로 당할 수밖에 없었다. 원명원의 역사도 그것과 궤를 같이 했다. 1860년 2

차 아편 전쟁 때 영불 연합군이 북경을 침공했고, 원명원
도 불태워져 폐허가 되었다. 서양루의 석재 건축물들도 부
서졌지만 불로 소실되지는 않아 남아있다. 중국으로서는
치욕과 아픔의 역사인데, 영불 연합군은 자금성이 아닌 원
명원, 즉 황제들이 더 많은 시간을 보내는 원명원을 청나
라의 심장으로 보고 이곳을 공격한 것으로 보인다.

오늘날 사람들에게 개방된 원명원은 원래 규모의 일부
라는데, 그 자체로도 엄청 넓고 조경이 잘 되어 있어 많은
이들이 좋아하는 북경의 유적지이자 공원이다. 연꽃이 아
름답게 피기로 유명하고 봄, 가을에는 꽃놀이, 단풍놀이
하기에도 좋은 공간이다.

6. 북경, 옹화궁

몇 년 전 겨울방학 때 북경에 한 일주일 머문 적이 있다. 돌아다니기 편하게 지하철역 근처에 숙소를 잡았는데, 마침 옹화궁(雍和宮) 근처였다. 옹화궁은 여러 번 가본 적이 있어 굳이 또 들어가 볼 생각을 안 했다. 그러던 어느 날 미뤄둔 숙제를 하는 것처럼 숙소 근처에서 늦은 아침을 먹고 옹화궁에 들어갔다.

옹화궁은 북경에서 가장 큰 티베트 불교 사찰로 북경 시내 한복판에 위치하고 있다. 그런 만큼 항상 많은 사람들이 방문하여 향을 피우니 365일 내내 향냄새가 가득하다. 옹화궁은 본래 강희제가 지어 아들에게 선물한 저택이었다. 그 아들이 옹정제여서 이름도 옹화궁으로 부르게 되었다. 옹정제는 후에 황제로 즉위하여 자금성으로 옮겨갔고 옹화궁은 행궁으로 사용하였다. 옹정제의 아들인 건륭제는 이곳에서 태어났다. 후에 건륭제는 몽골과 티베트를 회유하기 위해 이곳 옹화궁을 티베트 불교 사원으로 전환하였고 승려들을 초청해 이곳에 거주하게 하였다. 옹화궁

옹화궁

입구의 패루를 보면 한자와 만주어, 그리고 티베트어와 몽골어까지 4개의 언어가 기록되어 있다.

입구를 지나 들어가면 대전, 영우전, 법륜전 등이 이어져 있고 여러 개의 불상이 있다. 사람들은 향을 피우며 저마다의 소원을 빈다. 옹화궁의 하이라이트는 역시 거대한 규모의 만복각(萬福閣)인데, 그 안에 무려 18미터 높이의 미륵상이 있다. 이 미륵상에 얽힌 이야기도 흥미롭다. 1750

년 건륭제가 병사를 보내 반란을 진압하는 데 도움을 준 것에 보답하기 위해 7대 달라이 라마가 네팔에서 들여온 단향목을 선물했다고 한다. 그 단향목을 사용하여 미륵불을 조각한 것이다. 그 나무를 티베트에서 베이징까지 운반하는 데 무려 3년이 걸렸다고 하니 아득하다.

7. 하늘과의 소통, 천단 공원

북경의 유적지를 둘러보다 보면 그 규모와 화려함에 계속 놀라게 된다. 고궁, 만리장성, 이화원, 원명원, 가는 데마다 입이 떡 벌어진다. 소위 스케일의 미학이다. 그리고 또 한 군데, 천단 공원(天壇公園) 역시 엄청난 규모와 특색 있는 모습으로 깊은 인상을 준다. 특히나 천단 공원을 대표하는 건물인 기년전은 사각이 아닌 둥근 모양으로 황제가 하늘에 풍년을 기원하는 곳이었다. 높이가 무려 30여 미터고 그 중앙을 받치는 4개의 기둥과 다시 그것을 감싸는 12개의 기둥이 있는데 이는 4계절, 12절기를 뜻하는 것이다. 이 기년전은 층층이 제단을 쌓은 곳 위에 세워져 있어 규모도 규모지만 위엄이 있다.

그런데 이 기년전은 왜 원형인가? 사실 중국의 전통 관념에서 땅은 네모, 하늘은 원형이므로 지상의 건물은 대개 사각형으로 만들어진다. 그런데 왜 원형인가. 이는 '천단'이라는 이름에서 유추할 수 있듯, 이 공간을 하늘과 소통하는 곳으로 여겨 특별히 원형으로 구축했기 때문이다. 자

천단 공원

금성, 이화원도 모두 멋있지만, 이 개성 있고 멋있는 천단 공원을 첫손가락으로 꼽는 이들도 많다. 그만큼 강렬한 인상을 주는 곳이다. 나 또한 여러 번 가보았지만 갈 때마다 좋은 인상을 받는 곳이다.

역대 황제들의 신주를 모신 사당이라 할 황궁우는 그 내부의 장식이 굉장히 웅장하고 화려하다. 특히 외벽 담장은 회음벽이라고 하여 둥근 벽을 타고 소리가 전파되어 마치 전화기처럼 멀리서 낸 소리도 가깝게 들린다.

북경의 제단으로 천단 공원이 가장 크고 유명하지만 천단 외에도 일단, 월단, 지단 공원이 있다. 자금성을 중심으로 동서남북에 세워졌고 앞서 말한 바와 같이 천단은 하늘에, 나머지도 이름에서 짐작할 수 있듯 해, 달, 땅에 제사를 지내기 위해 만들어졌다.

8. 제일 번화가, 왕푸징 거리

왕푸징 거리

　북경에서 번화가, 핫 플레이스를 꼽아보라면 여러 곳이
있겠지만, 역시 왕푸징(王府井) 거리를 빠뜨릴 수 없을 것이다. 우리의 명동이 그런 것처럼, 예전부터 북경 번화가의 한 상징과도 같은 곳이 여기 왕푸징이다. 그래서 한국인들은 왕푸징 거리를 북경의 명동이라는 별칭으로도 부른다. 일단 지명부터 좀 짚고 가자. 이 독특한 이름은 어디서 온 것인가. 예전 황실王府을 위한 전용 우물井이 있었다고 해서 왕푸징이라는 이름이 붙었다. 왕푸징 일대는 명나라 때 상업용 거리로 만들어져 청나라 때부터 크게 흥하게 된 거리다. 그러니 꽤 긴 역사를 자랑한다고 말할 수 있겠다.

왕푸징은 북경의 대표 번화가, 쇼핑가답게 도로 양옆으로 대형 백화점과 쇼핑몰, 서점이 우뚝 서 있고 그 외에도 갖가지 물건을 파는 상점들이 즐비하며 여러 다양한 음식점들이 들어차 있다. 예를 들어 북경을 상징하는 오리구이, 즉 베이징 카오야를 전문적으로 파는 유명 음식점 취엔쥐더(全聚德) 본점이 바로 왕푸징 거리에 있다. 또한 북경식 훠궈인 동라이순(東來順), 중국을 대표하는 유명 한약방인 동인당(同仁堂) 약국도 이 거리에 있다.

자, 왕푸징에 왔다면 먹자골목을 그냥 지나칠 수 없다. 시작되는 입구에 패루가 있어 눈에 띄고 찾기 쉽다. 여러 길거리 음식들이 사람들의 눈길을 끄는데 그중에서도 특히 각종 꼬치구이가 시선을 끌어당긴다. 불가사리부터 해마, 전갈까지 온갖 특이한 꼬치들이 있어 신기하다.

9. 동아시아의 문화거리, 유리창

이번에는 유리창(琉璃廠)에 대해서 좀 이야기해볼 차례다. 유리창을 뭐라고 표현해야 맞을까. 가령 북경의 인사동이란 표현도 좋고, 근대 동아시아 문화의 중심거리라고 해도 좋을 듯하다. 그만큼 북경 유리창은 예전부터 동아시아 전역에서 그 명성이 자자했다.

이름부터가 왕푸징만큼 특이한데, 13세기 원나라 시절 이곳에 유리 기와를 굽던 황실의 가마가 있었다는 데서 유래되었다. 한족들의 도자기를 좋아하고 즐겼던 몽고인들이 북경 외곽에 도자기와 기와를 짓는 가마를 세운 것이었다. 아무튼 이때부터 유명해진 유리창 거리는 이후 도자기뿐 아니라 고서적, 문방사우, 서화, 각종 골동품들을 사고파는 문화 예술의 거리로 명성을 떨치기 시작한 것이다.

명나라 때 북경에 외성이 새로 건설되면서 유리창은 성안으로 들어오게 되었고, 청대에 이르러 가마 공장 대신에 서점가가 형성되면서 그 명성을 더욱 높게 되었다. 과거 시험이 실시되어 전국에서 수많은 수험생이 북경으로 몰

유리창 거리

리면, 그중에서도 서적을 취급하는 이 유리창은 문전성시를 이루었으리라. 서적뿐 아니라 시험에 필요한 문방사우들도 이곳 유리창에 몰렸을 터다.

사람들이 모이면 돈이 넘치고, 지식인들이 몰리면 자연스레 지식의 교류가 생겨나는 법이니, 문화 예술의 중심지로서 유리창의 이름은 전 중국에 퍼지게 되고 이윽고 중국을 넘어 조선에도 그 명성이 전해지게 되었다. 박지원의 『열하일기』에도 북경 유리창의 모습이 잘 묘사되었을 만큼 우리 조선의 선비들에게도 이 유리창은 꼭 가보고 싶은 공간이었고, 실제로 많이들 방문했다. 박지원 외에도 박제가, 이덕무, 홍대용 등이 유리창에 대한 기록을 남겼다.

10. 젊음의 거리, 싼리툰

상하이에 신천지가 있다면 북경에는 싼리툰(三里屯)이 있다. 싼리툰은 여러 개성 있는 카페와 바 등이 밀집되어 있어 일 년 내내 젊은이들로 붐비는 거리다. 또한 세계 여러 나라의 대사관이 밀집되어 있는 곳으로도 유명하다. 뿐만 아니라 다양한 명품숍과 식당들이 들어차 있는 쇼핑의 거리이기도 하다.

싼리툰은 그러므로 멋진 카페와 맛있는 레스토랑을 찾는 이들에게도 안성맞춤일 것이고, 쇼핑을 위한 곳으로도 손색이 없을 것이다. 하지만 싼리툰을 진짜 좋아하는 이들은 그곳이 북경 클럽의 메카라고 말할 것 같다. 매일 밤이 되면 수많은 밴드와 가수들의 공연이 펼쳐지고 이에 열광하는 관중들이 싼리툰의 밤을 밝힌다.

북경에 사는 수많은 외국인들, 음악과 예술을 사랑하는 젊은이들이 모여 밤늦게까지 젊음을 만끽하고 북경의 클럽 문화를 만들어가는 곳이 바로 여기 싼리툰이다.

11. 세상에서 가장 큰 골동품 시장, 판지아위엔

  판지아위엔(潘家園)은 간단히 말해 북경 최대의 골동품 시장이다. 90년대 말부터 조금씩 규모를 키우다가 지금은 중국 최대, 나아가 세계 최대 규모의 골동품 시장이 되었다. 처음엔 주로 주말에 열리는 노점 형태가 많았는데 지금은 상설 시장이 되었다. 수천 개의 점포가 있으며 서적, 가구, 도자기, 불상, 장신구 등등 없는 게 없는 거대한 골동품 시장인 것이다.

  365일 언제 가도 골동품을 만날 수 있는 상설 시장이지만 주말엔 거기에 노상의 좌판까지 더해져 진풍경이 벌어지는 곳이다. 중국 곳곳마다 수많은 박물관이 있는데, 이 판지아위엔도 비유컨대 중국의 역사와 문화를 피부로 느낄 수 있는 거대한 박물관 같다는 생각이 든다. 하루 종일 구경을 해도 다 못 볼 만큼 다양한 물건들이 계속해서 호기심을 자극한다.

북경, 판지아위엔

　판지아위엔에서 파는 골동품들은 시기적으로도 다양하고 또한 한족뿐 아니라 여러 소수 민족의 특산품도 취급하니 보는 재미가 더 쏠쏠하다. 게다가 만약 물건을 산다면 흥정은 필수다. 중국은 워낙 흥정 문화가 일상화되어 있는 곳이지만 특히나 이런 골동품 시장에서는 더더욱 그러하다. 가격도 천차만별인데 잘 고르면 저렴한 가격으로 좋은 골동품을 고를 수 있을 것이다. 그리고 그냥 가벼운 기념품을 사기에도 좋다. 잘 골라보면 재밌고 의미 있는 물건이 많이 보일 것이다.

12. 중국의 실리콘 밸리, 중관촌

중관촌

북경에 왔다면 중관촌(中關村)도 한번 둘러볼 만하다. 빠르게 발전하고 있는 중국의 현재와 미래를 피부적으로 느껴볼 수 있는 좋은 공간이기 때문이다. 중관촌은 중국에서 첫 번째로 지정한 첨단 산업 단지로, 일명 중국의 실리콘 밸리라고 부르는 곳이다. 근처에 북경 대학, 청화 대학 등 대학가와도 가까워 시너지 효과를 내고 있다. 이곳에는 수만 개의 벤처 기업들이 들어와 있고, 하루에도 수십 개의 스타트업이 탄생하는 중이니 명실상부 창업의 메카이자 세계 최대 규모의 과학 기술 집적지라고 하겠다.

중관촌은 창업 공간만 지원되는 것이 아니라 투자와 마케팅, 컨설팅 등이 원스톱으로 이어지는 창업 시스템이 구축되어 있어 중국의 기업들은 물론 전세계 내로라하는 기업들이 이곳에 둥지를 틀고 있다. 그러니 중국의 현재와 미래를 알고 싶다면 이곳 중관촌에 가보면 그것을 피부로 느껴볼 수 있는 것이다.

개인적으로는 건물들이 너무 크고 높아 위화감을 준다는 느낌을 받았다. 규모도 좋고 첨단의 시설도 물론 좋지만 뭔가 너무 좀 삭막하다는 느낌이랄까. 분야에 따라 옹기종기, 아기자기한 맛도 좀 있다면 더 조화롭지 않을까라는 생각도 해보게 된다. 이 거리가 처음 조성되던 80년대에는 우리 용산 전자 상가 정도의 규모였다고 하는데, 지금은 한마디로 너무나 거대해서 자세히 둘러볼 엄두가 안 난다.

13. 북경으로 가는 관문, 천진

북경에서 차로 2시간 거리에 있는 항구 도시 천진(天津), 고속 기차로는 30분이면 도착이다. 북경, 상해, 중경과 함께 중국의 4대 직할시 중 하나로 엄청 큰 대도시다. 하지만 관광지로서 천진은 좀 애매하다. 하북성 석가장이 그렇듯, 대부분의 외국 관광객들에게 천진은 북경으로 들어가기 위한 관문 도시 정도로 인식되는 것 같다. 나 같은 경우도 인천에서 배를 타고 천진항에 내린 적이 여러 번이고, 출장차 천진에 위치한 대학을 찾아가기도 했지만, 따로 시간을 내서 관광차 천진을 자세히 둘러본 적은 거의 없고 항상 바로 북경으로 이동했던 것 같다. 그러다가 몇 년 전, 북경을 들러 상해로 내려가는 여정에서 이틀을 빼 천진에서 주재원으로 살고 있는 친구를 보러 간 적이 있다. 그때 천진에서 2박을 하면서 처음으로 천진 구석구석을 돌아보는 기회를 가졌다. 학생 세 명과 같이 갔는데, 친구가 안내를 잘해줘서 편하게 둘러보았다.

후, 북경의 대기도 장난 아니지만 겨울철 천진의 대기 오염은 진짜 대단했다. 특히 늦은 밤과 이른 아침에 마치

천진 전경

물안개처럼 피어나는, 앞이 안 보일 정도의 그 스모그는
강렬한 인상을 준다. 바닷가라 내륙인 북경보다 좀 나을
거라 생각하면 오산이다. 북경과 천진, 석가장의 겨울철
대기오염, 큰 문제다. 계속 개선되고 있으니 앞으로 더 좋
아지리라 믿어본다.

　상해만큼 크고 화려하지는 않지만, 천진에도 과거 조계
지역이 있다. 커다란 가로수 사이로 유럽식 건축물들이 서
있어 그 나름의 이국적 풍경을 보여준다. 마차를 타고 조
계 지역을 도는 코스가 있어 한 번 타보았다. 자동차나 자
전거가 아닌 마차를 타고 거리를 달리는 느낌은 또 색다른
것 같다. 근대 속을 걷는 느낌이랄까. 조계지를 둘러보고
서개 천주교당에 가보았다. 20세기 초반에 지어진 성당으

로 프랑스식 건물이다. 웅장하면서도 고풍스러운 느낌을 주는데, 안으로 들어가면 또 성당 특유의 분위기가 있다. 그날 저녁은 천진에서 꽤 큰 해산물 전문 식당에 가서 건하게 잘 먹었다. 홀도 큼직하고 룸도 널찍하고, 역시 스케일에 관해서는 걱정할 필요가 없는 나라가 중국이다. 음식도 야박한 법이 없이 늘 넉넉하다. 총 7명이 먹은 저녁 식사 자리였는데 음식이 많이 남았다.

숙소로 가기 전 안마를 좀 받기로 하고 친구의 단골 가게로 향했다. 중국은 안마가 생활화되어 있어서 부담 없이 즐기기 좋다. 나도 유학 시절 내내 안마를 즐겼고, 이후에도 중국을 다닐 때 자주 받는다. 전신 안마를 한 시간 정도 받고 나면 피로가 풀려 아주 개운해진다.

다음 날은 천진 고성(古城)과 수상 공원을 둘러보았다. 둘째 날 이른 아침, 숙소 근처의 맥도날드에서 천진에서 일하고 있는 학교 제자를 잠깐 만났다. 영문학과를 다닌 중국 학생이었는데 내 과목을 수강한 적이 있고, 내가 교환 학생 추천서를 써준 데다가 졸업 시에도 도움을 좀 준 인연이 있다. 졸업 후 한국의 기업에 취업해서 중국으로 나간 케이스인데 마침 천진에 있다길래 연락이 닿았다. 출근하는 길에 들른 것이었는데 맥도날드에서 아침 세트를

천진 시내

함께 먹으며 잠깐 이야기를 나누었다. 졸업해서 바쁜 직장
인으로 사는 모습을 보니 기분이 색다르고 또 대견스러웠
다. 선생의 보람이란 바로 이런 게 아닐까 싶다.

　천진 고성은 개항 이전 수도 북경을 방어하던 군사 기
지로서의 천진성을 후대에 복구한 것인데, 성 인근에 독특
한 가게들과 골동품들이 많아 천천히 둘러보면 재밌다.

수상 공원은 놀이기구를 갖춘 복합 공원인데, 규모가 꽤 크고 한적한 느낌을 준다. 곳곳에 정자도 있고 조경도 잘 되어있어 편안한 기분이 든다. 복잡한 시내와는 완전 다른 이미지다. 아마도 천진 시민들의 편안한 휴식처 같은 역할을 하리라 본다.

천진을 떠나기 전 시내에서 훠궈를 맛있게 먹었고, 천진에 왔다면 빠뜨릴 수 없는 거우부리(狗不理) 만두를 몇 개 사 가지고 천진 기차역으로 향했다.

14. 관문 도시, 석가장

　중국의 수도 북경은 직할시로 따로 독립되어 있지만, 북경을 둘러싸고 있는 성은 하북성(河北省)이다. 그리고 하북성의 중심 도시, 즉 성도는 석가장(石家莊)이다. 최근 석가장에서 코로나가 다시 대규모로 재발해 언론에 여러 번 언급되기도 했다. 석가장은 아무래도 북경으로 가는 관문 도시 정도의 성격이 강한 것 같다. 직접 가서 둘러보기 전까지는 딱히 떠오르는 뭔가가 없었다. 북경으로 가는 관문, 그 관문이 뚫리면 수도가 위험하고 또 근처에 있는 또 다른 대도시 천진까지 여파가 있으니 석가장의 코로나 발생으로 당국이 바짝 긴장하는 것도 한편으로는 이해된다.

　개인적으로도 석가장은 늘 그렇게 북경으로 가는 여정에서 자연스레 지나치는 도시였다. 하북성의 중심 도시라는 것은 알고 있지만, 그저 교통의 요지 정도로만 보고 따로 둘러볼 생각은 하지 않았다. 실제로 석가장을 관광으로 가는 경우는 드물 정도로 이렇다 할 유적지도 없다.

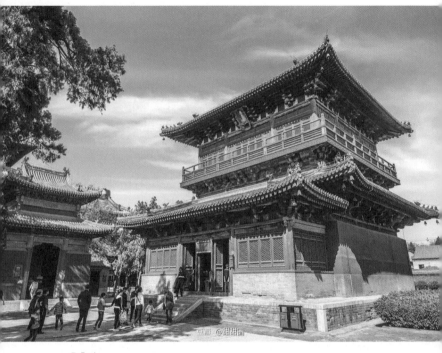

융흥사

    몇 년 전 학생 몇 명과 중학교에 올라가는 조카를 데리고 떠났던 겨울 배낭여행에서 드디어 한번 석가장에 들른 적이 있다. 북경으로 가는 길목에서 즉흥적으로 결정한 여정이었다. 석가장에 대한 첫인상은 좀 황량하다는 느낌이었다. 겨울이라 더 그랬는지 모르겠지만, 공기도 좀 매캐하고 회색빛 도시의 이미지가 좀 있었다. 그리고 중국 구석구석을 다니면서 그런 경험은 또 처음이었는데, 외국인은 안 받는다며 자꾸 퇴짜를 놔서 숙소 구하기가 꽤 힘들었다. 아니, 어디 시골도 아니고 인구 천만에 가까운 대도시인데도 말이다. 중국을 여기저기 다니면서 그렇게 숙소 구하기 어려운 적은 처음이었다. 어찌어찌해서 한 호텔에 짐을 풀고 일단 숙소 주위를 좀 둘러보았다. 날도 춥고 휑한 것이 딱히 볼 만한 뭐가 없었다. 일단 그날은 숙소에서 편하게 쉬면서 다음 날 돌아볼 곳을 좀 찾아보았다.

다음 날 아침, 시내에서 좀 떨어진 곳에 위치한 천년 고찰 융흥사(隆興寺)를 찾아갔다. 버스를 두 번 갈아타고 한 시간 가까이 교외로 나가 마주한 융흥사는 생각 이상으로 크고 멋진 절이었다. 그 웅장하고 기품 있는 모습에 마음이 정화된다. 추운 겨울날 아침, 관람객도 거의 없는 그 시간, 마치 천 년 전으로 거슬러 올라간 듯한 기분을 느낀다. 마음이 맑게 정화되는 느낌. 학생들과 이제 중학에 올라가는 조카, 함께해서 더욱 즐겁고 의미 있는 시간이 아니었나 싶다.

그 인근은 또한 삼국지의 영웅 상산 조자룡의 고향이었다. 중국 여행의 묘미 중 하나는, 이렇듯 전혀 예상치 못한 곳에서 역사 속 인물과 떡하니 마주치게 된다는 점이다.

조자룡이 누구인가, 평생 영광의 삶을 살아낸, 중용의 미덕, 사대부의 미학을 잘 보여주는 인걸 중의 인걸 아니던가. 아마도 조자룡을 미워하는 사람은 없으리라. 그런 조자룡을 배출했으니 마을 사람들 모두 자부심이 대단하다. 1,500년 전의 인물이 현재에도 막강한 영향력을 발휘하고 있다는 게 참으로 신기하기도 하고 또 한편으론 부럽기도 하다.

기대 이상으로 멋진 절 융흥사와 상산 조자룡을 만날 수 있다는 것만으로도 석가장은 충분히 한번 가볼 만한 곳이다.

3장

강남 유랑-절강성, 강소성

3장
강남 유람－절강성, 강소성

    중국에서 보통 강남이라 하면 양쯔강 이남을 가리키는 말이다. 알다시피 양쯔강은 중국에서 가장 크고 긴 강으로, 중국 대륙을 적시는 젖줄로 비유된다. 중국에서는 그냥 장강으로 부르고, 비유적으로 어머니의 강이라고들 한다. 아무튼 이 양쯔강의 남쪽을 흔히 강남 지방이라고 부르는 것이다. 강남 지역은 일단 물이 많고 토지가 비옥하며 기후가 온난하다. 그래서 강남, 이라고 하면 왠지 좀 부드럽고 낭만적인 느낌이 먼저 드는 것도 사실이다. 아닌 게 아니라 흔히 중국을 북방과 남방으로 나누어 설명할 때 그런 특징들이 뚜렷이 반영된다. 예컨대 문학에 있어서도 북방 문학이 호방하고 현실적이며 좀 거친 면이 있는 데 반해 남방 쪽은 부드럽고 화려하며 추상적이라는 분석이 그러하다. 사람들의 성격과 기질도 그런 특징이 잘 반영되는 것 같다.

    강남은 사계절 중 왠지 봄과 가장 잘 어울리는 것 같다. 북방에 비하면 겨울도 온난한 편이지만, 꽃 피고 새 우는 봄, 그리고 보슬보슬 봄비 내리는 강남은 퍽이나 더 부드럽고 낭만적인 느낌으로 다가온다. 상하이에서 3년여간 박사 유학을 한 나 또한 상하이와 인근, 즉 강남의 봄을 무척 좋아하고 즐겼다. 그래서 '강남' 하면, 역시 사계절 중에도 봄이 가장 좋고 인상적이었다고 생각한다.

계절 얘기가 나왔으니 다른 계절에 대해서도 좀 이야기해보자. 강남 지역의 여름은 덥기로 악명이 높다. 40도를 웃도는 날씨가 여러 날이라 그야말로 가마솥더위를 느낄 수 있고 에어컨 없이는 정말 힘들다. 한마디로 강렬한 여름이다. 그 더위는 오래 지속되다가 11월쯤이나 돼서야 꺾이며 비로소 짧은 가을로 접어들기 시작한다. 가을은 봄과 마찬가지로 춥지도 덥지도 않아 활동하기 좋으니 여행하기에도 이때가 딱 좋다. 겨울은 어떨까. 실제 기온은 별로 낮지 않아 영하로 내려가는 경우는 거의 없는데, 피부로 체감하는 겨울 날씨는 꽤 춥고 으슬으슬하다. 중국 남방은 난방 시설이 그리 잘 되어있지 않아 뜨끈한 온돌로 지지는 문화에 익숙한 우리가 지내기엔 만만치 않다. 그리고 강남 지역 날씨의 또 하나의 특징이라면 사계절 내내 비가 많다는 것이다. 특히 눈이 없는 대신 일주일씩 계속 내리는 차가운 겨울비의 인상이 강하다. 겨울비는 사람을 좀 우울하게 하지만, 다른 계절의 비는 좋다. 분위기 있는 봄비와 더위를 잠깐이나마 날려주는 여름날의 소나기, 그리고 가을비도.

개인적으로 중국에서 가장 익숙하고 친근한 곳이 이 강남 지역이다. 나는 상하이에서 3년간 살면서 인근의 여러 지역들에 자주 놀러 다녔다. 지역적으로 보면 절강성(浙江省)과 강소성(江蘇省) 일대에 해당한다. 상하이는 말할 것도 없고, 항주, 소주, 남경, 무석, 양주, 소흥, 그리고 상하이 인근의 여러 수향들을 아주 좋아하고 또 친숙하게 느낀다. 그 강남의 여기저기에 대해 이제부터 이야기를 좀 풀어보려고 한다.

1. 항주의 서호

내 고향 수원에는 서호라는 이름의 멋진 호수가 있다. 서호라는 이름은 화성의 서쪽에 있는 호수라는 의미로, 정조 때 조성된 것이다. 그 서호의 남쪽에 항미정이라는 정자가 있는데, 흥미롭게도 소동파의 시구에서 따온 이름이라고 한다. 어쨌든 그런저런 걸 보면 수원의 서호는 중국 항주에 있는 서호를 참조한 것이 아닌가 싶다. 이백, 두보, 소동파, 백거이 등의 대문호들이 앞다투어 서호의 아름다움을 노래했으니, 조선의 선비들에게도 서호는 꼭 가보고 싶은 곳이었으리라. 수원이 낳은 스타일리스트 화가 나혜석 역시 수원 8경 중 하나인 서호의 풍경을 화폭에 담은 바 있다. 우리 집에서도 가까워 산책이나 운동을 하러 자주 가는 곳이다. 50여 년 전 내 부모님이 데이트를 하며 거닐던 곳이기도 하다. 수원 서호는 그렇게 인근의 주민들에게 기꺼이 품을 내어주는 휴식과 힐링의 공간이다.

자, 이제 중국 절강성 항주(杭州)에 있는 서호를 말할 차례다. 서호는 중국은 물론 세계적으로도 명성을 갖고 있는 호수다. 그 아름다움에 반해 역대의 수많은 시인 묵객들이 서호를 찾아와 작품을 남겼고, 항주를 대표하는 관광 유적지이다. 송대의 대문호 소동파 역시 서호를 널리 알리는 데 일조한 인물이다.

"하늘에는 천당, 땅에는 소주, 항주"라는 말이 있다. 한국에서도 이 구절을 익히 들어 알고 있었는데 직접 가서 눈으로 확인한 때는 2001년 가을이었다. 상하이에서 막 유학 생활을 시작하던 그 가을의 어느 주말, 일본인 룸메이트와 항주행 장거리 버스를 탔다. 그때 내 나이 서른, 룸메이트는 스물이었다. 가끔 그 가을이 생각난다. 상하이는 넉넉하게 우리를 품어주었고, 이제 막 시작하는 유학 생활은 비교적 순조로웠으며 날씨도 선선하니 좋아서 참 괜찮던 시절이었다. 새롭고 신선한 환경, 아직 충분했던 젊음, 각자 담대한 야망으로 끓어오르던 그 시절.

항주에서 1박을 했는데, 숙소는 어떻게 구했는지 밥은 뭘 먹었는지 그런 건 거의 기억이 안 난다. 그저 선명한 것은 눈앞에 펼쳐진 서호의 수려한 풍경에 감탄했던 기억이다. 감탄할 준비는 하고 왔는데 그 이상으로 멋진 풍경이었달까. 봄, 여름, 가을, 겨울이 다 좋고 맑아도 좋고 흐려도 좋으며 눈이 와도 좋고 비가 와도 좋다는 말이 뭔지 조

항주, 서호

금 알게 되었다고 할까. 연잎이 호수의 가장자리를 덮고
있었는데 그 또한 퍽 아름답고 낭만적이었다.

　밤이 되어 호수 주위에 등이 켜지면 또 다른 느낌의 서
호의 매력이 피어난다. 그날 오후부터 밤까지 호수 주위를

걷고 또 걸은 것 같다. 중간에 밥도 먹고, 이런저런 간식도 사 먹었을 것이다. 아, 그리고 근처에 있는 명문 절강대에 다니는 여대생들을 알게 되어서 서호와 항주에 대해 여러 설명도 듣고 안내도 받았다. 이런 멋진 환경에서 대학을 다녀 좋겠다고 했더니, 자기들도 그렇게 생각한다며 서호에 대한 자부심을 내보이기도 했다.

그 이후로 졸업 때까지 여러 번 다시 항주와 서호를 찾았다. 갈 때마다 느낀 거지만 항주는 서호로 인해 참 편안하고 포근한 도시, 아름답고 낭만적인 대자연으로 다가온다. 그래서일까. 많은 중국인들이 은퇴한 후 살고 싶은 도시로 항주를 꼽는다. 충분히 이해가 되는 대목이다. 다음번에는 항주에서 한 일주일 묵으면서 천천히 서호를 거닐며 다시 음미해보고 싶다.

2. 동양의 베니스, 소주

중국 강남 지역은 물이 참 많다. 상해, 남경, 항주, 무석 등 강남의 여러 도시에는 크고 넓은 호수와 강이 정말 많다. 소주(蘇州)는 아예 도시 전체가 수로로 연결되어 있는 만큼 물의 도시라는 이름이 적격이니, 예로부터 동양의 베니스라는 별칭으로 불렸다. 소주도 내가 살았던 상해에서 가까워 여러 번 갔었고, 한국에서 가족이나 친구, 지인들이 오면 항주, 남경이랑 묶어서 자주 다녔다. 오늘은 그중에서 휴가를 내서 찾아온 동갑내기 외사촌과 둘이서 갔던 기억을 좀 풀어보려고 한다.

2002년 봄, 유학 생활 2년 차에 접어들면서 중국 생활에도 어느 정도 적응하고 필요한 학점과 수업도 별 무리 없이 잘 챙기고 있었다. 하지만 새로운 곳에서 새롭게 출발하는 설렘은 이제 지나갔고, 논문에 대한 고민과 압박이 슬슬 시작되고 있었다. 물론 외국에서의 유학이란 게 여유롭고 낭만적일 거라고 생각할 수도 있지만, 학업은 물론 매끼 먹는 것부터 시작해서 모든 걸 혼자서 해나가는 건

결코 쉬운 일은 아니다. 신체적인 건강을 잘 유지하는 것은 말할 것도 없고 흔들리기 쉬운 멘탈도 잘 관리해야 한다. 그해 봄, 한국에서 외사촌이 휴가차 상하이에 왔다. 나와 동갑이고 회계사로 바쁘게 일하고 있었다. 상하이 푸동 공항으로 마중을 나갔는데 집에서 싸준 밑반찬을 주렁주렁 가지고 왔던 게 기억난다.

사촌과는 동갑인 데다가 인근에 살면서 어렸을 때부터 자주 어울린지라 마음이 잘 통했다. 친구, 동료들이 있다지만 어쨌든 외로운 유학 생활이었으니 한국에서 놀러 온 사촌이 얼마나 반가웠겠는가. 당시 사촌은 감정적으로 좀 힘든 상황이었는데, 사귀던 여자와 헤어져 그 여파가 있었다. 결혼 이야기도 나왔던 만큼 가족들도 걱정하던 때였다. 당시 우리 나이 서른 하나, 한창 연애와 결혼이 중요한 시기였다. 나도 상황이 비슷했다. 만나던 여자가 있었는데 유학 1년이 돼가던 그 시점, 사이가 점점 삐걱대고 있었다. 아무래도 멀리 떨어져 있다 보니 이런저런 문제가 있었다.

자, 정신이 복잡하면 몸을 좀 혹사시켜 그걸 좀 잊는 것도 때로는 필요하다. 3박 4일 일정으로 온 사촌과 상하이 구석구석, 그리고 소주, 남경을 정신없이 헤매고 다녔다.

소주, 운하

먼저 상하이에서 기차를 타고 소주로 향했다. 1시간 남짓
되는 부담 없는 거리다. 소주 관광의 포인트는 크게 두 가
지다. 도시 곳곳으로 이어진 운하와 강남 최고의 정원들을
보는 것이다. 운하는 걷거나 자전거를 타고 천천히 둘러보
는 것도 좋다. 그리고 기왕이면 배를 한번 타고 돌아보면

더 좋을 것이다. 우리도 배를 타고 유유히 흐르는 운하를 따라갔다. 특히 광제교(廣濟橋)와 신민교(新民橋)를 지날 때는 그 운치가 정말 빼어나다. 사람들은 물에 기대어 살고 있는데, 고풍스러운 옛 가옥들이 운하를 따라 늘어서 있다. 동양의 베니스, 중국의 베니스라는 별칭에 아주 잘 들어맞는 풍경이다. 그 독특한 정취를 느끼며 배 위에서 사촌과 이런저런 이야기를 나누던 그 순간이 기억난다.

운하 관람을 마친 뒤 찾아간 곳은 바로 졸정원(拙政院), 명나라 때 조성된 정원으로 세계 문화유산으로 지정되었을 만큼 아름다운 정원이다. 강남 정원의 미를 상징하는 곳이기도 하다. 물과 기암괴석, 그리고 풀과 꽃들이 어우러져 멋진 시각적 성찬을 선물한다. 누구라도 오면 그 멋스러움과 정취에 빠져들 법하다. 정원이 워낙 넓고 방대하여 한눈에 다 담을 수가 없다. 내 생각엔 적어도 몇 번 정도는 다시 봐야 제대로 볼 수 있을 것 같다.

소주시가 한눈에 내려다보이는 북사탑(北寺塔)에도 올랐다. 무려 76미터의 높이로 강남에서 가장 높은 탑이라는 명성이 있다. 이 북사라는 사찰은 오나라 손권이 어머니를 위해 지었다고 하고, 이 안에 있는 북사탑은 북송 시기에 재건되면서 현재의 모습이 되었다고 한다. 북사탑 7층까지 걸어 오르는 것은 상하이 같은 대도시의 초고층 빌딩에 올라가는 것과는 또 다른 느낌을 준다. 소주시에서 좀 떨어진 외곽의 한산사에도 들렀다. 위진남북조에 창건된 사찰이고, 당나라의 시인 장계의 「풍교야박(楓橋夜泊)」이란 시로 더욱 유명해졌다. 주위의 멋진 정취와 어우러진 명시다.

우리가 소주에 갔던 그때는 봄이었다. 강남의 봄, 부드럽고 간질간질대는 느낌을 주는 봄. 낮에는 이미 더위가 느껴지기도 했는데, 여기저기 정신없이 휘몰아치며 다녀서 저녁이면 체력이 바닥났다. 매끼 든든한 식사가 필수였고, 90분짜리 전신 안마를 3박 4일 내내 받았다. 이어지는 남경 유람도 정신없이 몰아쳤다. 3박 4일의 휴가를 마치고 돌아간 사촌은 귀국 후 몸살을 앓았다고 한다. 상하이에서, 소주에서, 그리고 남경에서 술잔을 기울이며 속내를 주고받던 그때, 지금도 만나면 그 추억을 이야기한다. 그땐 참 젊었고 기쁨도, 서운함도, 슬픔도 넘치도록 많았다.

3. 소주와 풍교야박

　앞서 소주 이야기에서 장계(張繼)의 시 「풍교야박(楓橋夜泊)」을 살짝 언급했는데, 중문학자로서 그냥 넘어갈 수가 없어 잠깐 그에 대한 이야기를 풀어보려고 한다. 시인의 이름은 좀 생소할지 몰라도 이 「풍교야박」이란 시는 워낙 유명하여 중국을 넘어 우리 한국과 일본에서도 널리 사랑받는 작품이다. 가령 일본에서는 교과서에 실릴 만큼 사랑받고 있고, 우리의 판소리나 탈춤 등에서 이 시를 자주 인용한다. 중국 당나라 시대는 시가 문학이 절정으로 치달았던 시기로 흔히 『당시 삼백수』로 그 정수를 뽑을 만큼 기라성 같은 문인과 작품들이 즐비하다. 「풍교야박」의 시인 장계는 상대적으로 그리 이름난 문인도 아니었고 남긴 작품도 몇 수 안 되지만, 이 짧은 시 한 편이 천 년 이상 동아시아를 넘나들며 수많은 이들에게 깊은 감동을 주었고, 문화적 재생산을 거듭하며 전설이 되었던 것이다. 수많은 이들이 이 시를 사랑하여 소주 한산사를 찾는다.

「풍교야박」은 과연 어떤 지점에서 사람의 마음을 흔들고 있는 걸까. 일단 작품을 살펴보고 이야기해보자.

月落烏啼霜滿天
江楓漁火對愁眠
姑蘇城外寒山寺
夜半鐘聲到客船

달 지자 까마귀 울고 찬 서리 가득하고
강가 단풍나무와 고깃배도 근심 속에 잠 못 이루네
고소성 밖 한산사의
깊은 밤 종소리가 뱃전에 이르는구나.

　여기서 '풍교'는 소주를 가로지르는 한산사 근처 운하에 있는 다리 이름이고, '야박'이란 밤에 배를 정박한다는 말이니, '풍교야박'이란 즉 '밤중 풍교에 배를 정박하다.'라는 의미다. 소주에 가서 운하가 주는 그 특유의 정취를 느끼며 이 시를 음미해보면, 아마 그 맛이 제대로 살아날 것이다. 장계가 이 시를 짓게 된 배경은 대체로 이렇게 전해진다. 과거에 세 번째 낙방한 장계가 집으로 돌아가던 중 이 풍교에서 하룻밤을 머물게 되었다. 자신의 처량한 신세와 객수로 잠 못 들고 있을 때, 깊은 밤 한산사에서

소주, 한산사

들려오는 종소리를 듣고 이 시를 짓게 되었다는 이야기다. 또한 이런 해석도 가능하다. 예나 지금이나 조정의 부정부패가 많았을 터, 장계는 부패한 나라의 현실과 앞이 보이지 않는 암담함과 절망을 강가의 쓸쓸한 밤 풍경을 차용해 읊은 것인지도 모른다.

장계는 이 시 한 편으로 유명해졌고, 흔한 다리 중 하나였던 풍교는 단박에 이름을 얻어 중국을 넘어 동아시아 전체로 그 명성을 떨치게 되었으며, 시에 등장하는 사찰인 한산사도 덩달아 주가를 높이게 된다. 청의 강희제는 이 시를 몹시 사랑해 직접 풍교를 찾기도 했다고 전해진다. 인기는 중국에 그치지 않는다. 앞서도 언급했듯이 이

시는 중국을 훌쩍 뛰어넘어 동아시아 전반에 퍼졌다. 서거정, 김시습, 이색 등등 우리의 일급 선비들도 이 풍교야박을 사랑했고 시구를 차용해 작품을 쓰기도 했다. 이것이 한 편의 시가 갖는 막강한 문화적 파워다.

4. 서호와 묵객들

    항주 서호를 이야기하면서 소동파와 백거이를 빠뜨릴
수 없다. 서호를 노래한 수많은 시인 묵객 중에서도 그들
의 서호 사랑이 특히나 각별하기 때문인데, 둘 모두 항주
에서 벼슬살이를 한 이력이 있다. 당나라 백거이가 항주에
임명되어 왔을 때 서호의 제방이 무너져 농사를 망치는 것
을 보고 다시 둑을 쌓았으니, 그의 성을 따 백제라 부른다.
그로부터 200년 뒤 송나라 소동파가 항주에 왔을 때는 농
민들이 가뭄으로 고생을 하고 있었다. 호수 바닥에 침전된
진흙을 파내어 다시 제방을 쌓았으니 그의 이름을 따 소제
라 부르게 되었다. 관리로서의 애민정신이 엿보이는 대목
이다. 이로써 그들은 서호에 영원히 자신들의 흔적을 남기
게 된 것이다.

    그리고 당송팔대가로서, 중국 최고의 문인으로서 그들
은 서호의 아름다움과 그 낭만을 멋지게 노래했다. 먼저
백거이의 「억강남(憶江南 - 강남을 추억하며)」이란 시는 다음과
같다.

江南好 風景舊曾諳
日出江花紅勝火
春來江水綠如藍
能不憶江南

좋구나 강남이여, 그 절경 일찍이 잘 알지
해 뜰 때면 아침 노을에 강변의 꽃들 붉게 타오르고
봄이면 쪽빛 초록빛 푸르른 강물
어찌 강남을 그리워하지 않으리

江南憶 最憶是杭州
山寺月中尋桂子
郡亭枕上看潮頭
何日更重遊

강남의 추억이여, 항주가 제일 그립구나
산사의 달빛 아래 월계꽃을 찾고
정자에 올라 누워 강의 물결을 바라보네
언제나 또 가서 노닐 수 있을까

江南憶, 其次億吳宮
吳酒一杯春竹葉

吳娃雙舞醉芙蓉
早晚復相逢

강남의 추억이여, 그다음은 오나라 궁전이리
오나라 술 한 잔에 여린 대나무 잎새 띄우고
오나라 여인들의 쌍쌍 춤을 보며 그 연꽃 같은 미모에
취하네
언젠가 다시 만나리

송대의 대문호 소동파 역시 5년간 살았던 항주와 서호
에 대해 깊은 애정을 가졌고 많은 시를 남겼다. 그중 가장
유명한 것은 역시 「음호상, 초청후우(飲湖上, 初清後雨 - 호수 위
에서 술을 마시노라니 처음엔 맑다가 비가 오네)」라는 시다.

水礦瀲灩晴方好
山色空濛雨亦奇
欲把西湖比西子
淡粧濃沫總相宜

날이 맑을 때는 물빛이 반짝반짝 아름답더니
비 내릴 때 역시 산 빛이 어둑어둑 멋지기 그지없구나

서호는 미인 서시를 닮았도다
옅은 화장이나 짙은 분, 모두 잘 어울리는구나

소동파는 이 시에서 서호의 아름다움을 춘추전국의 전
설적 미녀 서시에 비기고 있다. 서시의 고향이 바로 이 항
주였고, 예로부터 소주, 항주에 미인이 많이 나기로 유명
했다. 짧은 내용이지만 빼어나서 역대 서호 관련 시들 중
에서 가장 많이 회자된다고 할 수 있다.

5. 남경에 가면

최백호의 노래 <부산에 가면>을 가끔 듣는다. 최백호 노래 특유의 쓸쓸한 정서가 가슴을 건드리는데, 특히나 '어디로 가야하나, 이젠 너도 없는데'라는 대목이 가슴을 찡 울린다. 노래를 듣다 보면 그냥 아무 생각 없이 부산행 기차에 훌쩍 올라타고 싶기도 하다. 사실 수원이 고향인 나는 부산에 얽힌 이렇다 할 추억은 별로 없지만, 그래도 돌아보면 부산에 꽤 여러 번 가기도 했다. 스무 살 시절 친구와 함께 놀러 갔던 것을 시작으로 가족들과 여행을 간 적도 있고, 업무차 출장을 간 적도 있으며 부산 영화제에도 여러 번 갔었다. 또한 부산에 살고 있는 보고 싶은 친구도 있다. 어쨌든 나에게도 부산은 가끔 한 번씩 훌쩍 찾아가고 싶은 곳이다.

중국 강남 지역을 계속 이야기하고 있는데 이번엔 남경 차례. 남경에 갔던 추억을 떠올리며 사진들을 찾아보니 그때그때의 일들이 떠오르면서 훌쩍 떠나고 싶은 기분이 든다. 상해에 몇 년 살면서 인근 지역 여러 군데를 다녔지만, 가장 여러 번 간 곳이자 갖가지 추억도 많은 곳은 역시 남경이다. 처음 상해에 입성하고 나서 설레던 기분으로 초행했을 때부터, 같이 공부하는 친구들이나 한국에서 놀러 온 가족, 친지들과 갔던 때, 그리고 졸업하고 다시 찾았을 때 등등 지난 20년간 남경에 여러 번 갔다. 상해에서 가까우면서도 상해와는 완전히 다른 분위기의 도시라 그냥 바람 쐴 겸 훌쩍 갔다 오는 곳이 또한 남경이었다. 사진을 좀 찾아보니 가장 최근 것으로는 10년 전 여름, 아내와 중국 여행을 가서 찍은 사진이 몇 장 있다. 그때 남경에서 반가운 사람을 만나 함께 여기저기를 구경한 것이 기억에 꽤 남는데, 사연인즉 예전 대전에서 교수 생활을 할 때 함께 근무했던 중국인 선생님이 마침 방학을 맞아 고향인 남경에 머물고 있었던 것이다. 그때 데리고 나온 귀염둥이 아들이 벌써 대학생이 되었다니 새삼 세월의 빠름을 또 실감하게 된다.

남경은 역대 여러 왕조가 수도로 삼았을 만큼 빼어난 자연환경을 갖추고 있고, 그로 인한 엄청난 유적이 많은 곳으로 말 그대로 명승고적의 도시다. 서호와 함께 강남 3대 호수에 들어가는 현무호(玄武湖)가 시 중심에 있고, 엄청 넓은 양쯔강 하류가 도시 외곽을 흐르며 자금산 같은 멋진 산도 있다. 북경이 거대한 규모로 뭔가 사람들을 압도하는 느낌이라면, 남경은 상대적으로 좀 더 부드럽고 편안한 느낌이다. 고도의 이미지가 강하긴 하지만 남경도 인구 900만 명에 육박하는 대도시고 상하이와 함께 중국 동남부를 이끄는 경제와 교통의 요지다. 번화가 신제커우에 가보면 세련된 현대 도시의 느낌이 물씬 난다.

대부분의 유적지가 시내에서 멀지 않아 동선은 편하게 잡을 수 있다. 시 중심에 위치한 호수 현무호는 멋진 풍광과 운치가 있어 갈 때마다 편안하고 신기한 느낌을 받는다. 항주의 서호와는 또 다른 느낌이다. 동선이 편리하다고 해도 볼거리가 워낙 많으니 남경을 좀 둘러보려면 그래도 한 3일 정도는 잡아야 하지 않을까 싶다.

6. 남경에 가면 2

남경, 현무호

남경 시내에 위치한 멋진 호수 현무호를 둘러봤다면 이 제 명나라를 세운 주원장의 능묘 명효릉에 가볼 차례다.

명대 황제의 묘 중 최대 규모로 10만 명의 인부가 30년에 걸쳐서 만들었다고 하니 아득할 뿐이다. 청대 태평천국의 난 때 대부분 파괴되고 현재는 일부만 남은 상태다. 특히 인상에 남는 것은 코끼리, 사자, 낙타 등 동물을 형상화한 정교한 석상들이다.

명효릉이 중국 고대로의 초대라면 그 근처에 있는 중산릉(中山陵)은 혁명으로 점철된 중국 근현대의 거대한 흔적일 것이다. 수천 년 지속된 봉건제를 무너뜨리고 새로운 중국을 열기 위해 애썼던 현대 중국의 아버지, 국부 손중산, 즉 손문의 묘가 바로 중산릉이다. 자금산 자락에 위치해 빼어난 경관을 갖추고 있고, 자연미와 인공미가 조화를 이루고 있어 언제나 수많은 관광객들로 붐비는 곳이다. 대만 중정 기념관이 그런 것처럼 파란 기와와 하얀 벽이 인상적이다. 과거엔 명효릉의 규모가 더 컸겠지만, 현재의 규모로는 남경의 다른 유적들을 압도하는 남경 최대의 볼거리가 바로 이 중산릉이다.

명효릉과 중산릉은 가까운 거리에 있지만 규모가 상당하여 대충 둘러만 보아도 발품을 많이 팔아야 한다. 날 잡고 반나절 내내 걸어야 할 것이다. 시내 쪽에서 좀 편하게 남경을 둘러보려면 부자묘와 그 인근 거리를 둘러보면 좋을 것이다. 부자묘는 공자의 사당이다. 역대 많은 왕조가

중산릉

남경을 수도로 삼은 만큼 남경의 부자묘의 규모는 강남 최
대다. 사실 중국 어디에나 있는 게 공자 사당이니, 남경 부
자묘의 볼거리는 사당 자체보다는 부자묘를 중심으로 조
성된 거리라고 할 수 있다. 진회강이 거리 옆을 유유히 흐
르고 멋진 기와와 회랑, 명, 청대의 기품 있는 건축물들이

늘어서 있는 그곳의 풍경은 꽤 운치가 있어 나 역시도 무척 좋아한다. 배 위에서 그런 풍경을 즐기려는 이들도 많아 유람선이 떠다닌다. 멋진 풍경에 맛있는 음식이 빠질수 없으니 곳곳에 배고픈 여행객들을 유혹하는 식당들이 가득하다.

아, 명효릉, 중산릉과 함께 묶어서 돌아보는 영곡사(靈谷寺)도 가볼 만하다. 9층 높이의 영곡탑 위에 오르면 주위의 풍경이 한눈에 들어온다. 그 위에서 커다란 나무와 숲, 그리고 중산릉의 멋진 경치를 보면 마음이 편안해진다. 이렇다 할 산이 없는 상해에 비해 남경은 산과 강, 호수들이 있어 확실히 좀 더 자연친화적인 느낌이 든다.

관광지는 아니지만 남경에 가면 가끔 남경 대학을 찾는다. 역시 100년 역사를 자랑하는 지성의 산실, 오래된 나무들과 건축을 둘러보며 캠퍼스 안을 천천히 걸어보기도 하고, 대학가 근처의 서점이나 먹거리들을 파는 가게들을 둘러보기도 한다. 그 시절 남경 대학에서 유학을 하던 지인도 있어 함께 만나 이런저런 이야기를 나누던 기억도 난다. 즐거웠고 또 고단하기도 했지만 꿈을 꾸던 청춘의 시간들이었고 또 행복한 시간들이었다. 상해, 그리고 남경, 많은 시간이 흐른 지금, 그곳, 그때가 가끔 그립다. 코로나로 인한 여행 통제가 풀리면 곧 또 찾으리라.

7. 무석, 태호, 바다 같은 호수

내가 사는 수원에는 호수가 여러 개 있다. 서호를 비롯하여 광교호수, 일월호수 등이 있다. 호수마다 경관도 좋고 산책로도 잘 만들어놔서 산책하러 자주 간다. 수원은 지명에도 물水이 들어가는 만큼 물이 많은 도시라고 할 수 있겠다. 수원에 온다면 화성 성곽과 함께 이 호수들을 둘러봐도 좋을 것 같다. 호수를 보면 마음이 편안해지고 호수를 끼고 천천히 산책하는 시간은 언제라도 좋은 것 같다.

앞서 항주의 서호, 남경의 현무호와 같은 세계적 호수를 이야기했다. 나중에 또 언급하겠지만 내가 살았던 상해의 여러 공원 안에도 다양한 호수들이 있어 자주 가서 뱃놀이도 하고 산책을 즐겼다. 또한 상해에는 우리 서울처럼 양쯔강의 한 지류인 황포강이 시내의 한복판을 가로지르고 있고, 또 다른 지류인 오송강도 흘러 사시사철 물 구경은 충분히 할 수 있다. 그런데 지금 말하려는 호수 태호는, 뭐랄까 또 다른 차원의 호수라고 하겠다. 멋지다는 느낌보

121

다는 그 이름처럼 '크다'라는 느낌이 먼저 다가오는, 바다 같은 호수다. 큰太 호수湖는 그 이름처럼 엄청나게 큰 호수로 실제로 보면 바다인지 호수인지 분간이 안 될 정도다. 항주 서호도 엄청나게 큰 규모지만, 태호는 말 그대로 바다와 같은 느낌이 든다. 호수 안에 무려 70여 개의 섬이 있다고 하니 어느 정도인지 감이 좀 올 것이다.

상해 인근의 또 다른 도시 무석(無錫). 강소성 제2의 도시로 원래 주석이 많기로 유명했는데 한나라 때 모두 채굴이 돼서 주석이 없어졌다는 의미로 이런 이름을 가지게 되었다 한다. 그럼 지금 무석은 무엇으로 유명하냐, 바로 이름 그대로 바다처럼 넓은 호수 태호다. 태호는 중국에서 3번째로 큰 담수호다.

태호에 갔을 때의 이야기를 좀 하려고 한다. 때는 2002년 초, 겨울방학을 한국에서 보내고 다시 상해로 복귀했다. 유학 2년 차를 맞고 있었고 아직은 논문의 압박에서 좀 여유로운 때였다. 아마도 한 2월 말쯤, 개학을 며칠 앞둔 시기였을 것이다. 그때 함께 공부한 비슷한 연차의 한국인 박사 유학생들이 한 열댓 명쯤 되었는데, 그중에서도 같은 중문학 전공인 동기 몇 명과 친하게 지냈다. 각자 방학을 보내고 다시 만나 저녁을 먹다가 무석 태호에 놀러

태호

가자는 제안이 나왔다. 오케이, 가자! 다음 날 아침 가벼운 마음으로 기차에 올랐다. 무석까지는 1시간 정도 갔던 것 같다. 태호가 눈에 들어오자 우리 셋 다 그 크기에 놀랐다. '뭐야, 이거 바다잖아!'

  얼마나 거대한 면적이면 그 태호 안에 무려 70여 개의 섬이 있을까. 배를 타고 한 20여 분 들어가는데 끝이 없었다. 끝 간 데 없이 달리는 배는 마치 우리가 망망대해에 떠 있는 듯한 느낌을 주었다. 사방에 온통 물밖에 보이지 않아 좀 당황스러웠다. 우리는 태호의 그 거대한 풍경에 압도되었다. 배가 내려준 섬의 규모도 엄청 컸고, 그 안에 여러 유적들이 많았다. 무석은 상해, 남경, 소주, 항주와 함께 꼭 한번 가볼 만한 곳이다.

또한 태호 주위에는 녹정산과 여원, 매원 등의 공원이 어우러져 멋진 풍광을 더한다. 함께 배를 탔던 중국인 관광객들과 뒤섞여 섬을 둘러보았고, 또 하나 기억에 남은 것은 태호의 거대함에 걸맞은 엄청난 규모의 불상이었다. 함께 간 동료들과 불상 앞에서 사진을 찍으며 좋은 논문 써서 3년 안에 같이 졸업하자며 호기롭게 외쳤던 기억도 난다. 그때 그 다짐처럼 우리 셋은 같은 시기에 졸업했다. 유학 내내 친하게 지냈지만 함께 그렇게 여행을 떠났던 적이 그때가 처음이자 마지막이었다. 무석도 그 이후로는 가보지 않았는데, 태호가 워낙 크고 태호를 둘러싼 여기저기에 볼거리가 많은 곳이니 언제 가서 차분하게 또 한 번 둘러볼 생각이다.

8. 강소성 서주

강소성 서주(徐州)는 우리에게도 좀 친숙하게 느껴지는 도시다. 왜 그런고 하니, 초한지 속 항우의 주요 근거지였고, 삼국지에도 자주 등장하는 공간이기 때문이다. 예로부터 교통의 요지였기에 서로 탐내던 땅이었던 것이다.

서주는 강소성 전체에서는 서북쪽에 위치하고 위로는 산동성과 바로 연결되어 있다. 산동성을 먼저 둘러보고 서주로 가도 좋고, 강소성을 두루 둘러보고 위로 올라가면서 들러도 좋다. 내 경우에는 유학 시절 남경과 묶어서 며칠 다녀온 적이 있고, 나중에 졸업 후 배낭여행을 다니면서 또 들른 적이 있다.

중원에서 멀지 않아서 그런가, 서주에는 한나라 때 유적이 많은 것 같다. 한왕의 무덤들이 여러 개 있었고, 서주 박물관에도 한나라 때의 병마용 등 그 시절 유적들이 특히 많았다. 왜 서주 땅에 한왕의 무덤들이 그렇게 큰 규모로 남아있을까. 중국 역사에서 한나라 때까지는 그래도 제

서주 기차역

후왕의 위력이 좀 남아 있었다. 대부분 황제의 혈연이었을 그들의 위세는 대단했을 것이다. 그러니 그들의 무덤도 그렇게 거대하게 만들었을 터이다.

서주도 강남 지역이니 물이 많다. 서주의 대표적 호수인 운룡호(雲龍湖)에도 한번 들러볼 만하다. 또한 앞 장에서 한 번 말했듯 중국의 강남 지역은 더위로 유명한데, 서주 역시 더위로는 빠지지 않는다. 그래서 여름에 가면 호수에 뛰어들어 더위를 식히는 주민들의 모습을 쉽게 볼 수 있다. 작은 유람선을 타고 천천히 둘러보는 것도 물론 좋다. 조금 외곽에 위치한 요만고진도 유명하다. 그 옛날 대운하 시절, 항주에서 출발해 첫 번째로 거치던 큰 운하 마을이 이 요만고진이라 노상 뱃사람들, 상인들로 북새통을 이루며 꽤 크게 번성했다고 한다. 돈이 되니 사람이 모였을 것이고 그러니 큰 마을이 형성되었을 터이다. 고진에는 그 흔적이 고스란히 남아있다. 고즈넉하니 뭔가 아득한 기분을 느끼게 해주는 마을이다. 강남의 물길, 이 운하를 따라 서울, 즉 베이징으로 올라갔다는 것 아닌가.

9. 안휘성 합비, 장료와 포청천

　　강소성, 절강성을 자주 다녔지만 가끔은 안휘성에 가기
도 했다. 그중 합비(合肥)가 가장 인상적으로 남아있다. 강
소성 서주에 이어 안휘성 합비도 삼국지의 무대로 널리 알
려진 도시다. 손권이 대군을 이끌고 쳐들어갔다가 위나라
의 맹장 장료(張遼)에 의해 대패한 전투가 바로 합비 전투
다. 그래서 합비에는 장료와 소요진(逍遙津) 전투를 기리는
소요진 공원이 있다. 오나라에서는 말 안 듣고 떼쓰는 아
이들이 있으면 '장료가 온다!'라고 말할 정도로 그의 존재
감이 컸다고 한다. 소요진 공원에 가면 말 타고 칼을 든 늠
름한 장료의 동상을 볼 수 있다. 넓은 호수 주위로 공원이
조성되어 있고 간단한 놀이기구 등도 있어 나들이하기에
적당하다. 중국 어딜 가나 쉽게 만날 수 있는 공원 모습이
다.

　　합비에서는 삼국지 장료와 함께 또 한 명의 역사적 인
물을 마주하게 되는데, 바로 청백리의 표상 송나라 포청천
이다. 중국을 넘어 우리나라에도 잘 알려진 명판관 포청천

의 고향이 바로 합비다. 하남성 개봉에도 포청천의 흔적이 짙게 남아있지만, 고향 합비에도 그를 기리는 사당이 잘 조성되어 있다. 매일 많은 이들이 포공사를 찾는다. 지난 역사를 잊지 않고 일상 속에서 위인을 만나는 것, 그 또한 문화의 힘이다.

역사 속 이야기를 하다 보니 합비가 고도(古都)로 인식될 수도 있겠는데, 오늘날 합비는 젊은 도시로 거듭나고 있다. 중원과 강남을 잇는 거점 도시로 경제, 과학, 문화의 중심 도시로 발돋움하면서 많은 이들, 특히 젊은이들이 살고 싶어 하는 도시로 꼽힌다. 명실상부한 안휘성의 중심 도시로 많은 주목을 받고 있다.

합비, 포공원

10. 절강, 온주

상하이에서 박사 유학을 했던 나는 유학 기간 동안 가끔 시간을 내어 인근의 강소성, 절강성을 좀 다녔다. 지금 생각해보면, 다시 없을 좋은 기회니 되도록 여러 곳을 다양하게 다녔으면 더 좋았겠다 싶지만 당시엔 또 그게 그리 생각처럼 되는 게 아니었다. 오히려 졸업하고 나서야 방학을 이용하여 더 여기저기 구석구석 다니게 되는 것 같다.

절강성 역시 전형적인 강남 지역의 모습을 보인다. 물 많고 땅이 기름지고 물자가 풍부하다. 절강성에서 가장 먼저 가본 곳은 역시 항주. 항주의 서호는 여러 번 언급했으니 패스하고 이번에는 절강의 남부 도시 온주(溫州)에 대해 좀 얘기해볼까 한다.

온주는 특히 상업과 상술이 발달한 곳으로 이름나 있다. 사통팔달 교통의 요지이기도 하고 특유의 빼어난 상술로 인해 온주 사람들을 중국의 유대인으로 부르기도 한다. 내가 온주에 가게 된 인연은 유학 시절 알고 지낸 사람으로부터 기인한다. 유학 3년 차인 2003년 가을쯤이런가, 슬슬 논문에 대한 틀을 짜가며 도서관에서 시간을 보내던 즈음이었을 것이다. 많은 학생들이 붐비던 도서관에서 우연히 알게 된 귀여운 여학생, 그 친구의 고향이 절강성 온주였다. 얘기를 나눠보니 정규 학부생이 아니라 1년인가의 특별 과정을 다니는 중이었다.

작고 여릿한 외모와는 다르게 당차고 포부 있는 청춘이었다. 그렇게 알게 된 T는 나이 좀 있는 한국인 꺼꺼(哥哥, 오빠)가 재밌었는지 가끔 학교 식당 등등에서 같이 밥도 먹고 집에도 종종 놀러 오기도 했다. 그렇게 몇 달 지났을까. 특별 과정이 다 끝났다며 집으로 돌아가게 됐을 때, 자기의 판카, 즉 금액이 얼마간 남아있는 학교 식당 카드를 나에게 주었다.

"꺼꺼, 카드에 돈 남았으니까 이걸로 밥 먹어!"
"그래, 고맙다. 잘 가고 잘 살아!"

그렇게 잊었는데 몇 년 뒤, 중국의 카카오톡이라 할 위챗을 통해 다시 만났다. 그 사이 결혼도 하고 엄마도 됐으며 온주 상인의 후예답게 가게를 열어 잘 살고 있었다.

온주

"꺼꺼, 나 보러 온주 한번 놀러와."
"그래, 내 한번 놀러갈게."

　그리하여 방학을 이용해 중국에 들어갔을 때, 항주를 찍고 절강 남부 온주를 가게 되었다. 한 10년 만의 재회, 귀여운 소녀는 성숙한 여인이 되어 있었다. 남편과 귀여운 딸과도 반가운 인사를 나눌 수 있었다. 그리고 중국인 특유의 그 진한 의리, 통 크고 거한 대접을 받았다. 그리고 T의 안내를 받으며 남계강(南溪江) 일대를 둘러보았다. 기암괴석과 초록의 산, 그리고 맑은 강이 멋들어진 조화를 이루며 여기가 선계인가 싶은 기분에 빠지게 하는, 그 멋진 풍광도 잊히지 않는다. 그로부터 다시 10년 가까이 지나고 있는데 다시 항공 노선이 재개되면 상하이를 거쳐 온주에 가보려고 한다.

11. 절강, 소흥, 노신

　중국 현대 문학의 거대한 산. 한 명의 대작가에 그치지 않고 격변기를 온몸으로 살아내며 더 나은 세상을 꿈꿨던, 사상가이자 혁명가이기도 한 노신(魯迅). 그래서 많은 중국인들은 그를 중국의 민족혼이라 부른다.

　상하이는 노신이 말년을 보내고 별세한 곳이다. 황포구 노신 공원(예전엔 홍구 공원으로 부름)에 그의 묘가 있다. 내가 다니던 학교, 살던 집에서 멀지 않아 산책 삼아 자주 갔다. 특히 이래저래 마음이 심란하고 흔들릴 때 그의 묘 앞에 섰다. 거기서 몇 미터 떨어진 곳은 또한 우리의 윤봉길 의사가 일본 제국주의에 폭탄을 던졌던 의거의 현장이다.

　중문학을 전공한 이들에게 노신은 하나의 거대한 봉우리다. 나 역시 노신을 흠모하고 동경했다. 학교 앞 정문에서 139번 버스를 타면 종점이 노신 공원이었다. 멀지 않은 거리이기에 자전거를 타고 간 적도 많았다. 그의 묘소에는 늘 신선한 꽃이 놓여져 있었다. 나는 꽃 대신 담배를

소흥, 운하

올려놓곤 했다. 내가 좋아하던 중남해 담배를. 상하이에서
버스로 3시간, 절강성 소흥시(紹興市)는 바로 노신의 고향이
다. 상하이에서도 노신의 흔적을 짙게 느낄 수 있지만, 노
신을 흠모한다면, 그 이유 하나만으로도 소흥에는 가봐야
할 것 아닌가.

　강남 땅 소흥도 제대로 물의 도시다. 항주에 서호가 있
다면 소흥에는 동호가 있고 도시 전체에 물길이 흐른다.

오봉선이라는 이름의 나룻배를 타고 한가로이 소흥의 물길을 따라가면 그 또한 작지 않은 도락이다. 소흥은 노신뿐 아니라 우리도 사랑해 마지않는 대大서예가 왕희지와 중국인들이 사랑한 정치가 주은래의 고향이기도 하다.

소흥을 거닐다 보면 이 아름다운 자연에서 배출한 역사의 거인들을 다시 되새기며 연신 감탄을 하게 된다. 소흥하면 또 빼놓을 수 없는 한 가지가 있는데 바로 전국적인 유명세를 가진 황주, 즉 소흥주다. 애주가들이라면 소흥주를 모를 수 없을 텐데 어느 한가한 객잔에 들러 한 잔 넘기면 기가 막힐 터이다.

다시 노신으로 돌아가서 소흥의 노신고거, 즉 노신이 태어나 어릴 적 살던 고택은 매일 전국에서 수학여행 온 학생들이나 단체 관광객들로 붐빈다. 그의 뜨거운 애국혼은 지금도 많은 중국인들의 가슴을 울리고 있는 것이다.

12. 강소, 양주, 볶음밥의 고장

춘천하면 닭갈비, 부산하면 돼지국밥이나 어묵이 생각
나는 것처럼 특정 지역 하면 연상되는 음식이 있다. 땅 넓
고 물자가 풍부한 중국, 게다가 중국은 세계 3대 요리로
이름난 음식의 나라이니 곳곳마다 지역을 대표하는 요리
들이 많다.

그중 볶음밥으로 유명한 고장이 있다. 바로 강소성 양
주시(揚州市)다. 양주, 하면 제일 먼저 떠오르는 것이 바로
볶음밥이다. 우리나라 중국집에서 짜장, 짬뽕과 더불어 자
주 먹는 3대 요리가 볶음밥 아닌가 싶은데, 중국에서도 볶
음밥은 그냥 흔하디흔한 요리다. 일상생활에서 우리보다
훨씬 더 자주 밥을 볶아 먹는다. 그런 흔한 음식인 볶음밥
으로 유명세를 떨친다니 궁금하지 않을 수 없다. 양주는
왜 볶음밥이 유명한 것일까. 특별한 이유가 있는 것일까?

물론 유래는 있다. 과거 수나라 때 수나라 양제가 계란
볶음밥을 좋아했다는 것에서 그 유명세가 시작되었다. 즉
밥에 계란을 섞어 볶음으로써 금이 은을 감싸는 모양새로

양주 볶음밥

혀와 눈을 함께 사로잡은 셈이다. 양제는 그런저런 이유
로 이 볶음밥을 무척 좋아했다고 한다. 수양제는 황제 즉
위 전 10여 년을 양주에 살았고 황제가 된 후에도 여러 번
양주에 들렀다고 하니 그와 밀접한 연관이 있다. 주지하듯
수양제 때 그 유명한 남북을 잇는 운하, 즉 경항 운하를 팠
는데 운하의 거점 도시들을 중심으로 이 볶음밥도 빠르게
퍼져나갔다고 한다. 그때부터 치면 양주 볶음밥의 명성은
천몇백 년의 역사를 가지는 셈이다.

　양주 또한 강남의 손꼽히는 호수와 운하의 도시다. 버
드나무 우거지고 멋진 정자와 다리가 곳곳에 배치된 운치

좋은 운하와 양주를 대표하는 호수인 수서호를 멀리서 바라봐도 좋고 용선을 타고 천천히 유람해도 좋을 터이다. 소주가 그러한 것처럼 양주 역시 도시 곳곳이 물길로 연결되어 있다. 보통 상하이, 소주, 항주를 한 세트로 많이들 가는데, 소주에 온다면 거리가 멀지 않으니 양주도 한번 들러 아름다운 풍광을 만끽하고 중국을 통일한 원조 볶음밥인 양주식 볶음밥을 한번 맛봐도 좋을 것 같다.

13. 절강, 영파

주지하듯 중국은 아편 전쟁에 패한 뒤 5개의 항구를 강제 개항하게 된다. 상하이, 샤먼, 푸저우, 광저우, 그리고 닝보다. 그중 가장 먼저 문을 연 곳이 바로 닝보, 즉 영파(寧波)다. 그러니까 상하이보다 앞서 와이탄, 즉 번드가 설치된 곳이 영파다. 물론 상하이만큼 크고 화려하지는 않지만 영파의 라오와이탄 역시 이국적인 느낌을 준다.

상하이에서 3시간 남짓, 영파는 라오와이탄 일대와 더불어 명청대 건축물이 많이 남아있는 옛거리인 난탕(南塘) 고문화 거리가 또한 볼 만하다. 멋스러운 고건물들과 정감 있는 거리들, 마치 몇백 년 전의 과거로 돌아간 듯한 느낌을 갖게 한다. 각종 먹거리와 다양한 물품들이 관광객들의 눈과 입을 사로잡는다.

영파는 그 지리적 이점으로 인해 고대부터 해양 무역이 발달한 항구 도시다. 당나라 때도 인근 동남아시아를 비롯, 일본이나 우리와도 교류가 활발했다. 송대에 이르면

영파, 라오와이탄

그 명성이 더욱 커져 유럽과도 교역을 하는 세계적 항구가
되었다. 청나라 초기까지 없는 게 없을 만큼 물자가 넘쳐
나는 화려한 국제 항구로 이름을 날렸다. 20세기 들어서
는 인근의 상하이가 워낙 크게 성장을 하여 상대적으로 쇠
퇴한 케이스지만, 그전까지 국제도시로서의 영파의 명성
은 대단한 것이었다.

일찍부터 개항을 하여 여러 다양한 문화를 접하고 다른 여러 지역으로 많이 진출해서였을까. 영파인들은 식견이 트여있고 근면, 성실하기로 유명하며 많은 역사적 인물들을 배출했고 특히나 거부(巨富)들도 많기로 소문이 자자하다. 지금도 영파의 소득이 중국 평균보다 월등히 높은 것으로 알려져 있다.

항주에서 조금만 가면 소흥이고 다시 동쪽으로 조금 더 가면 영파가 나오니 절강성에 들어왔다면 꼭 한번 들러보면 좋을 곳이다. 기대 이상으로 좋은 인상을 받을 확률이 높다.

14. 보타산, 낭만과 힐링

중국 동남부의 최대 도시 상하이. 인구는 넘치고 교통은 혼잡하고 대기오염은 심각하다. 가는 곳마다 인구가 넘쳐난다. 바다에 인접하고 있다지만 상하이에서 바다를 보기는 어렵다. 차를 타고 한참을 나가야 겨우 볼 수 있다. 또 상하이에는 이렇다 할 산도 없다. 그렇다면 상하이 사람들은 바람 쐬러, 혹은 인근에 짧은 여행이라도 가려면 어디로 가는가.

중국은 크고 가볼 만한 관광지가 워낙 많으니 어디든 여행을 많이 갈 것이다. 또한 앞서 다룬 여러 도시들과 유적지들을 포함하여 상하이 인근에도 가볼 곳이 많으니 당일치기, 혹은 가볍게 1박 정도로 많이들 다녀온다. 그런 곳으로 한 곳 더 꼽아보라면 개인적으로는 보타산(普陀山), 즉 부퉈산을 들고 싶다. 실제 상하이 사람들이 많이들 가고 또 만족도도 높은 곳이다.

보타산은 이름만 들으면 산 같지만 사실은 섬이다. 중국의 4대 불교 명산에 들 만큼 사찰이 유명하고 바다에 떠

보타산

있는 섬이다 보니 사방 아름다운 해변이 또한 유명하다.
즉 산과 바다가 함께 어우러져 멋진 풍광을 자랑하는 곳이
고 따라서 휴양지로도 안성맞춤인 것이다.

　복잡한 도심을 벗어나 청정 대자연을 만날 수 있고, 섬
안의 산속에 위치한 멋진 사찰에서 조용하게 마음을 가다
듬을 수 있으며, 근사하고 광활한 바다를 보며 자신을 돌
아볼 수 있는 곳이 바로 보타산이다. 게다가 맛있는 해산
물 요리까지 곁들인다면 말 그대로 금상첨화일 테다. 상하
이에 살면서 답답함을 종종 느꼈다. 중국 친구에게 어디
근처에 좀 다녀올 곳이 없냐 물으니, 자신도 바람 �쬘 겸 자

주 가는 곳이라고 추천해주어서 처음 찾아가게 되었다. 고요한 밤바다를 거닐 수 있어 좋았고, 이튿날 아침 찾아간 산사의 사찰도 무척 좋았다. 말 그대로 힐링이 되는 시간이었다.

상하이에서 보타산에 가는 코스로는 야간에 와이탄에서 출발하는 배편이 있다. 보타산 근처까지 버스로 가서 다시 배를 타고 들어가는 코스도 물론 있다. 보타산 내부는 버스 노선이 잘 되어 있어 편하게 둘러볼 수 있다.

4장

나의 사랑, 상하이

4장
나의 사랑, 상하이

중국의 정치적 수도가 북경이라면 상하이는 경제, 문화의 수도라고 할 수 있을 것 같다. 오래전부터 북경과 상하이를 비교하는 많은 말들이 있어 왔다. 북경은 높은 성곽으로 에워싸인 성곽城의 도시, 상해는 걸릴 것 없이 탁 트인 강변灘의 도시. 북경이 폐쇄적이고 엘리트 중심의 끼리끼리 문화가 강한 도시라면 상하이는 개방적이고 개인적인 도시라는 식의 비교 등이 많다.

상하이는 근대 이후에 급성장하며 중국 역사의 전면에 등장한 도시다. 서구 제국주의의 침략에 의해 강제 개항되며 급속도로 근대화된 국제도시였는데, 바로 그런 특징으로 인해 동서양 문화가 뒤섞이며 전통과 현대가 격돌하는 용광로 같은 도시로 큰 주목을 받았고, 20세기 전반 내내 아시아의 문화 수도로 명성을 날렸다. 지금도 그 흔적은 상하이 곳곳에 남아있다.

나는 상하이에서 박사 과정을 밟으며 3년여를 살았다. 그러니 내게 상하이는 중국 내에서 가장 익숙한 곳이며 여러 감정을 선사해준 도시기도 하다. 청춘의 끝자락을 책과 씨름하며 상하이에서 보냈으니 나로서는 각별한 곳이다.

1. 와이탄을 거닐며

　상하이를 소개하는 영상들을 보면 와이탄의 화려하고 이국적인 풍광이 빠지지 않는다. 바꿔 말하면, 상하이 하면 외탄(外灘), 즉 와이탄이 가장 먼저 소개된다는 뜻이다. 와이탄은 '상하이의 동서를 관통하는 황포강의 강변'이라는 말인데, 홍수가 나면 자주 범람하던 황포강 변을 간척하고 새로 도로를 깔아 그 강변 십 리에 서구의 최신, 최고 수준의 건축물을 경쟁적으로 쌓아 올린 곳이다. 즉 영국이 와이탄 지역을 조계지로 삼으면서 이곳을 유럽의 번화한 거리처럼 만들기 시작했던 것이다.

　십리양장이라는 표현처럼 이 와이탄 일대 1.5킬로미터 구간에는 20세기 초 웅장하고 화려한 서양의 건축물들이 강변을 따라 서 있다. 그리고 황포강 건너 서쪽 편에는 동방명주를 비롯하여 90년대 이후 중국에서 쌓은 마천루들이 마주 서 있다. 말하자면 근대와 현대가 마주 보고 있는 셈이다. 이 독특하고 화려하며 또 한편으로는 낭만적인 풍광이 전 세계 여행자들의 발길을 사로잡는 것이다.

밤이 되어 와이탄 일대에 조명이 들어오면, 그리고 그 외탄의 야경을 걷고 있으면, 그야말로 황홀하다. 물론 낮에는 낮대로의 감흥이 있다. 처음 상하이에 유학을 왔을 때는 부산이나 인천처럼 코앞에 바다가 있는 도시인 줄 알았다. 그러나 아니었다. 우리 서울처럼 황포강이 도시를 가르며 흐르는 도시였다. 그리고 황포의 서쪽은 포서, 즉 와이탄 일대이고 강 건너 포동은 90년대 이후 새로 개발된 신지구인 것이다. 물론 황포강에서 배를 타고 한참을 내려가면 바다와 맞닿는다.

상하이의 전통 시가지는 그리하여 와이탄과 와이탄에서 서쪽으로 뻗은 여러 거리들 즉 남경로, 복주로 등을 포함한다. 내가 살았던 상하이 서북쪽인 양포구, 집에서 자전거를 타고 사평로로 나와 55번 버스를 타면 2, 30분쯤 걸려 와이탄에 도착한다.

자, 이제부터 눈앞에는 와이탄이 펼쳐진다. 그 유명한 화평반점(和平飯店)을 시작으로 수많은 건물들이 줄지어 서 있다. 길을 건너 강변 거리를 걷는다. 서쪽의 서구 건축물들과 강건 너 화려한 푸동의 마천루를 번갈아 보면서. 다리가 아프면 여러 곳에 마련되어 있는 의자에 앉아 멋진 풍광을 바라보며 사색에 잠긴다. 도도히 흘러가는 황포강을 바라보면서.

와이탄 일대를 색다르게 바라보는 다양한 방법이 있다. 예컨대 유람선을 타고 볼 수도 있고, 도로 위 육교에 올라 관망해봐도 좋고 작정하고 강 건너 푸동의 동방명주나 진무대하 등의 고층에서 내려다볼 수도 있다. 물론 각각의 맛과 멋이 있다.

와이탄

2. 상하이, 털게 시즌

양쯔강의 지류가 바다와 맞닿는 상하이는 해산물이 풍부한 도시다. 엄청난 인구를 가진 메트로폴리스지만 먹거리는 언제나 넘쳐난다. 상하이를 제2의 고향으로 생각하는 나에게 이맘때면 생각나는 음식이 있으니, 바로 샹하이 따쟈시에(大閘蟹, 상해털게), 즉 털게 요리다.

털게는 가을이 되면 살살 녹는 통통한 속살이 일품인, 상하이를 대표하는 식자재다. 안 그래도 평소 게를 엄청 좋아하는 나는 상하이에 살면서 게 요리를 원 없이 먹었고, 그것만으로도 상하이를 더욱 사랑하게 되었다. 비싼 고급 식당에서 나오는 게 요리부터 시장에서 게를 사다가 집에서 직접 얼기설기 만들어 먹던 그 게 요리까지. 상하이 가을, 게 먹던 기억은 빠뜨릴 수 없는 아름다운 추억인 것이다.

상하이 시내 인민 공원 맞은편에 우뚝 서 있는 신세계 백화점 고층 식당 코트에서 먹던 털게 맛을 잊을 수 없다.

배부르게 게를 먹고 나와 그 화려한 난징루 거리를 거닐거나 인민 공원을 어슬렁거리던 그 시절, 돌아보니 낭만적인 시간이었다. 언제나 활기가 넘치던 동네 시장, 또 이런 추억도 있다. 재미 삼아, 또 중국어 연습 삼아 상인들과 가격 흥정도 해가며 산 싱싱한 게를 들고 동네 단골 식당에 가서 "이모, 게 요리 좀 해주세요."라고 외치면 금방 맛있는 일품 게 요리를 만들어주던 어떤 가을 저녁 날이다. 문득 '나도 한번 요리사가 되어 보자.' 싶어 시장에서 사온 게를 칫솔로 벅벅 대충 닦고, 가스레인지에 올린 웍에 기름을 두르고 간장을 넣은 후 단술과 각종 양념을 대충 넣어 섞고 볶아내어 제법 그럴싸한 게 요리를 만들어 먹던 날도 있었다. 내가 직접 만들었다는 뿌듯함에 자아도취하기도 했다.

가을철에는 오직 털게 요리 하나만으로도 상하이에 갈 이유가 충분하다. 아, 그리운 상하이여. 난징루, 런민공위엔, 쓰핑루, 그리고 따쟈시에여. 오늘은 마음만이라도 인천공항으로 향한다!

3. 남경로와 복주로

상하이 관광의 백미 와이탄을 둘러봤다면 이제 와이탄에서 서쪽으로 이어지는 두 개의 스트릿, 즉 난징 로드와 푸저우 로드를 좀 둘러보면 좋을 것 같다. 난징루(南京路)는 지난 100년간 중국에서 가장 크고 번화한 거리로 이름을 날렸다. 지금은 여러 대도시에 새로 만들어지고 정비된 크고 세련된 도로들이 많지만 지난 세기 20년대부터 아시아 최대의 도시로 명성을 날리던 상하이의 가장 큰 도로와 상업지구가 바로 난징루였던 것이다.

20세기 초 상하이 난징루에는 백화점과 호텔, 은행과 영화관, 나이트클럽 등 근대를 상징하는 수많은 건축물들이 경쟁적으로 들어서며 상하이를 동양의 파리, 모험가의 낙원, 동서양이 뒤섞이는 거대한 용광로로 만들었다. 지금도 와이탄에서 이어지는 난징루를 걸어보면 그때의 그 자취를 충분히 느껴볼 수 있다. 당시의 건물들이 그대로 남아있는 데다가 사람들은 365일 언제나 넘쳐난다. 중국이 인구 대국이라는 것을 피부로 실감할 수 있는 곳이 바

난징 로드

로 이 난징루다. 세계의 다양한 브랜드들이 앞다투어 입점
해 있어서 난징루의 옛 명성을 가늠해 볼 수 있게 한다. 그
런데 왜 이름이 난징루인가. 그러고 보니 중국 여러 도시
에도 난징루가 있다. 그것은 중국의 아픈 역사와도 관련이
있을 것 같은데, 아편 전쟁 패배 후 맺어진 난징 조약과 관
련이 있는 것 같다.

　푸저우루(福州路)는 난징루 다음 블록의 도로명이다. 푸
저우루는 난징루와는 사뭇 다른 느낌의 공간이다. 난징루
가 화려한 상업 거리로 이름을 날렸다면 푸저우루는 개항

푸저우 로드

이후 묵향 가득한 서적과 문화의 공간이었다. 지금도 푸저우 곳곳엔 크고 작은 서점들과 문방구를 파는 가게들이 즐비하다. 특히 '도서성'으로 불리는 서점은 아시아 최대 규모를 자랑한다. 그리고 분위기 좋은 카페, 레스토랑 또한 빠질 수 없다. 지난 세기 상하이가 아시아의 문화 수도로 불리던 시절, 푸저우루의 서적 거리도 단단히 제 몫을 했으리라고 본다. 가령 당시 쏟아져 들어오던 서구의 근대 문명을 담은 서적들이 푸저우루에 빠르게 공급되고 유통되었던 것이다. 한 가지 더 부기하면 지금이야 없어졌지만 당시 푸저우루의 한쪽 끝에는 상하이에서 가장 유명한 기루들이 몰려있기도 했다. 즉 한쪽에는 묵향이, 한쪽에는 분향이 자욱했던 거다.

상하이 도시 한복판에서 강소성 난징과 복건성 푸저우의 이름을 딴 거리를 걷는다. 20세기 초, 중반 아시아에서 가장 화려하고 번화했던 모던의 도시, 그 한복판을 걸으면 묘한 기분이 든다. 상하이를 상하이답게 만드는 거리임이 틀림없다. 천천히, 구석구석 한번 걸어봄 직하다. 참고로 난징과 푸저우에 상하이루는 없다.

4. 추석과 월병

들판의 논이 누렇게 물들어 간다. 하늘은 높고 바람은 선선하니 뭘 해도 좋을 계절이다. 아닌 게 아니라 여기저기 가을 행사가 진행되고 있다. 코로나 이후 몇 년 만의 행사인지라 더 설레는 것도 같다. 또한 가을은 풍요롭다. '더도 말고 덜도 말고 한가위만 같아라.'라는 말이 있을 정도이니, 일 년 중 가장 풍요로운 때가 이 추석 즈음이 아닌가 싶다.

상하이 유학 시절, 설날은 겨울방학 때라 늘 한국에 돌아와 보냈는데 추석은 학기 중일 때라 매번 중국에서 보냈다. 그래서 중국에서 보낸 추석에 대한 여러 정감 어린 추억들이 있다. 그중에서 월병(月餅)에 대한 이야기를 조금 해볼까 한다. 우리가 추석에 송편을 만들어 먹듯이 중국인들은 월병을 먹는다. 보름달의 둥근 모양을 형상화한 월병. 그래서 영어로 하면 문케익이니, 이름도 예쁘다. 가족끼리 친지끼리 둥글둥글, 행복하게 살자는 의미는 중국과 한국이 다를 바 없다. 보름달을 보며 소원을 기원하는 것 역시도.

우리는 집집마다 송편을 빚지만 중국은 직접 만들어 먹진 않고 가게에서 사 먹는다. 아주 저렴한 것부터 뇌물로도 활용된다는 초고가의 월병까지 천차만별이다. 모양 또한 둥근 게 기본이지만 네모난 월병도 물론 있다.

유학 온 첫해 추석, 명절이 됐으니 지도 교수님을 찾아뵙고 인사드리는 게 당연하다고 생각했다. 대형 마트에 산처럼 쌓아놓고 파는 다양한 월병 중 그래도 좀 고급스러운 월병 세트를 사서 교수님 댁에 인사를 갔다. 가보니 교수님 집 안에 월병이 가득했다. 월병을 주고받는 게 중국의 추석 문화이니 그랬을 터이다. 이런저런 이야기를 나누다가 돌아오는 길, 교수님은 내가 사 간 월병보다 더 많은 월병을 안겨주셨다. 가서 친구들이랑 맛있게 먹으라면서. 타지에서 유학 생활하는 외국인 제자를 늘 알뜰살뜰 챙겨주시던 인자하신 교수님이셨다.

그 외에도 추석 기간엔 늘 중국 친구들에게 월병 선물을 많이 받았는데 그게 그렇게 맛있다고 생각해본 적은 없는 것 같다. 그냥 한두 개 먹고 대부분 방치하는 경우가 많았다. 추석엔 역시 고향의 송편이 그리웠다. 그럼 송편을 어떻게 먹었느냐. 근처 조선족들이 운영하는 한식당에서 좀 얻어먹고는 했다.

어쨌든 그래서 가을, 그리고 추석 즈음이면 월병 생각이 나고, 교수님 생각도 나고 친구들과 모여 함께 시간을 보내던 생각도 난다. 그리고 청춘의 끝자락을 말없이 지켜봐준 상하이가 그리워진다.

5. 프랑스 조계지를 걷다

상하이를 동서양이 뒤섞인 이국적 도시라고 할 때, 그것을 가장 대표적으로 보여주는 곳이 앞서 말한 와이탄과 지금 말하고자 하는 프랑스 조계지일 것이다. 중국으로서는 아픈 역사지만 현재는 상하이를 이국적으로 만들어주는, 많은 이들이 사랑하는 공간이다.

프랑스 조계지는 대략 화이하이루(淮海路), 헝산루(衡山路) 일대를 가리킨다. 커다란 플라타너스 나무가 늘어선 거리에 오래된 프랑스풍의 건물과 아기자기한 카페들이 밀집되어 있어 뭔가 낭만적이면서 편안한 느낌을 준다. 와이탄이 웅장하고 시끌벅적하고 화려하다면, 이 지역 일대는 상대적으로 조용하고 한적하다.

영화 <색, 계>의 배경으로도 나왔던 우캉(武康) 맨션 일대에 들어서 있는 유럽풍 건물들은 확실히 이국적이다. 또한 중간중간 사이사이의 골목은 상하이의 전통 가옥과 골목을 지칭하는 '농탕'의 원형을 잘 간직하고 있어 대비를

우캉 맨션

이룬다. 또한 현대 중국의 국부로 불리는 손중산, 중국의
알 카포네로 불리던 악명 높은 삼합회 보스 두웨이성 등
유명 인사들이 살았던 유럽풍의 고급 주택이 프랑스 조계
지역에 있다.

프랑스 조계 지역을 모방해서 새로 만들었다는 화려한
젊음의 거리 신천지, 그리고 우리 한국인들에게는 뜨거운
공간인 대한민국 임시 정부가 있는 마당루 역시 크게 보

면 이 옛 프랑스 조계 지역에 속하는 곳이다. 40년대 상하이를 대표하는 인기 여류 작가 장아이링(張愛玲, 장애령)은 당시의 상하이 모습을 독보적인 풍경화처럼 디테일하게 묘사했다. 그녀가 사랑했던 아파트와 플라타너스 거리, 기사 딸린 자가용을 타고 극장에 영화를 보러 가던, 쿵쿵거리는 전차가 지나다니는 길 등이 바로 지금의 화이하이루, 헝산루, 타이캉루 등이었다.

3, 40년대 상하이를 동양의 파리라고 많이 불렀다. 와이탄과 난징루, 푸저우도 물론 있지만 이 프랑스 조계지의 여러 풍광들도 그런 별칭을 만드는 데 크게 한몫을 했던 것이다. 상하이에 간다면 한 반나절 정도 지도를 들고 이 프랑스 조계지를 천천히 걸어봐도 좋을 것 같다.

6. 상하이 겨울 장마

　지난 겨울은 눈이 꽤 내리는 겨울이었다. 12월에 이어 1월에도 눈 구경을 계속 할 수 있어 겨울 기분이 제대로 났다. 언젠가부터 겨울에 예전만큼 눈이 내리지 않아 아쉬웠는데 지난 겨울은 섭섭지 않게 눈이 왔다. 눈이 오면 미끄럽기도 하고 교통도 좀 불편할 수 있으나 그래도 겨울엔 좀 와줘야 좋다. 눈이 많이 와야 그해 농사가 또 풍년든다고도 하지 않던가.

　내가 유학한 상하이엔 거의 눈이 오지 않는다. 한국보다 한참 남쪽이니 겨울에도 영하로 거의 내려가지 않는다. 대신, 겨울에 마치 장마처럼 비가 자주 내린다. 그것도 일주일, 이주일씩 주야장천 내릴 때가 많다. 습기를 가득 머금은 상하이의 겨울 공기, 자전거를 타고 달리면 우산을 쓰든, 우비를 입든 얼굴을 때리던 세찬 겨울비를 피할 수 없었다. 상하이에서 세 번의 겨울을 나고 졸업했는데 그 차가운 겨울비에 대한 인상이 무척 깊게 남아있다. 꼭 싫어했던 것 만은 아니다. 한편으로 상하이에 내리는 겨울비는 어떤 낭만이 있었다.

안 그래도 외롭고 적적한 유학 생활, 1, 2주간 햇빛이 나지 않고 계속 비만 내리면 생활은 흐트러지기 쉽고 기분도 울적해지기 쉽다. 아무리 쌩쌩한 청춘이라도 의욕을 잃고 축축 처지기 쉬운 것이다. 그를 극복하기 위해서는 억지로라도 운동을 해야 한다. 친구와 자주 만나서 즐거운 시간을 가지는 것도 중요하다. 먹는 것 또한 잘 챙겨 먹어야 한다. 나는 훠궈나 마라탕 같은 뜨끈뜨끈하고 얼큰한 음식들을 많이 챙겨 먹었다.

먼저 운동에 대해 말해볼까 한다. 일단 사계절 내내 동료들과 수영장에 자주 갔다. 사우나도 겸하고 있어 겨울엔 특히나 안성맞춤이다. 수영장에 가기 전이나 끝나고 나와서는 여러 명이 모여 단골 훠궈집, 꼬치구이집, 혹은 국수집에서 뜨끈한 음식을 자주 먹었다. 수영 다음으로 생각나는 건 탁구다. 학교 실내 체육관에 가서 탁구도 많이 쳤다. 탁구의 나라답게 탁구를 즐기는 중국 학생들이 참 많았고 개중에는 제법 잘 치는 친구들도 있었다. 그리고 사철 어느 때고 갔지만 특히 겨울철에 까르프, 이마트, 알티마트 같은 대형 마트에 자주 갔던 것 같다. 딱히 뭘 사지 않아도 그냥 기분 전환 삼아서도 종종 갔던 것 같다. 지금이야 상하이 구석구석 지하철이 잘 되어있지만 20년 전만 해도 상하이 지하철은 달랑 2호선과 경전철 하나 정도였다. 따바이수, 츠펑루 근처에 그런 마트들이 여러 곳 있었다. 특히 우리 브랜드인 이마트에 자주 갔던 기억이 난다. 주위엔 군밤, 꼬치구이, 마라탕 등 이런저런 먹거리들을 파는 데가 많았고, 거리를 서성거리는 환전상들도 많았던 것 같다. 거기서 달러를 인민폐로 바꾸기도 했다.

7. 상하이에서 맞는 새해

계묘년 새해가 힘차게 밝았다. 아무쪼록 올해는 좀 더 즐겁고 긍정적인 일들이 많았으면 좋겠다. 중국 친구들과도 SNS를 통해 새해 덕담을 좀 주고 받았다. 알다시피 현재 중국의 코로나 상황이 좀 심각한 상황인지라 다들 괜찮은지 걱정되는데, 빨리 좀 진정됐으면 좋겠다. 베이징, 상하이, 푸저우, 원저우, 우한, 지난 등에 사는 친구들의 안부를 좀 챙겨봤다. 마스크라도 좀 보내주려고 알아봤는데, 지금 중국으로 가는 택배들도 시간이 엄청 걸리는 모양이다.

상하이는 우리보다 훨씬 아래쪽이라 겨울 기온이 많이 내려가 봐야 0도 안팎이다. 하지만 공기가 바닷가 특유의 습기를 머금고 있는 데다 난방 시설도 시원찮아서 겨울이 무척 춥게 느껴진다. 상하이 유학 시절, 겨울을 세 번 나고 졸업을 했는데 겨울이 다가오면 시장에 가서 비닐을 사와 일단 창문부터 막았던 기억이 난다. 그리고 온풍기를 돌리고 전기장판을 깐다. 이불은 솜이불을 덮었다. 어쨌든 뜨거운 바닥에 몸을 지지는 온돌 문화에 익숙한 한국인이 중국 남부에서 겨울을 나기란 녹록지 않은 게 사실이다. 늘 몸을 웅크리고 지내다 보니 찌뿌둥할 수밖에 없는데, 그래서 중국에서 일상화되어 있는 안마를 많이 받았고 집 근처에 있는 사우나 겸 수영장에 자주 다녔다. 그리고 겨울에 특히 자주 먹던 뜨끈한 훠궈와 배갈 한 잔이 생각난다.

중국 대학은 우리보다 겨울방학이 훨씬 늦다. 1월 초순은 되어야 방학이다. 그때쯤 맞추어 한국행 비행기표를 알아보던 기억이 난다. 대한항공, 아시아나, 혹은 동방항공이나 남방항공까지 다양한 항공사를 이용했다. 그렇게 방학이 되면 한국에 가서 가족들과 설날을 보내고 맛있는 거 먹고 살을 좀 찌워 다시 상하이로 돌아오곤 했다.

중국에서의 새해맞이는 대개 친한 동료들과 함께였다. 같이 맛있는 음식을 나눠 먹고 포커도 치면서 밤늦도록 이야기꽃을 피우다 새해를 맞던 기억이 난다. 그렇게 30대 초반 상하이에서 맞이했던 세 번의 새해, 이젠 아득하지만 그립고 애틋한 추억이다.

8. 젊은 날의 유학이여

수업을 하러 가다가 운동장에서 왁자지껄한 소리가 들려 잠시 멈춰 보니 유학생들끼리 축구를 하며 즐거운 시간을 보내고 있었다. 아마도 베트남 학생들인 것 같은데, 환하게 웃고 있는 그들의 얼굴을 보니 나도 모르게 따라서 웃음이 났다. 그들의 활기가 전해져서인 듯하다. 그리고 이제는 아득히 멀어진 나의 유학 시절이 잠시 떠올랐다.

젊은 날의 유학 경험은 분명 선택받은 자로서의 축복이다. 새로운 곳에서 새로운 경험과 지식을 쌓을 수 있는 기회, 아무나 쉽게 가질 수 있는 건 물론 아니다. 하지만 한편으로 낯선 곳에서 젊음을 걸고 한판 승부를 벌이는 일 또한 결코 쉬운 일은 아닌 것이다. 겪어본 이여야 그 마음을 제대로 헤아릴 수 있는 바, 나는 유학생들이 이런저런 부탁을 해올 때 가급적 최선을 다해 그들을 도우려 한다.

상하이에서 유학한 3년 여의 시간, 돌아보면 다 그립고 정겹지만 당시에는 이런저런 난관도 적지 않았던 게 사실이다. 그래도 지금은 좋았던 기억만 남은 것 같다. 그리고 그런 좋은 기회를 잡을 수 있었던 것에 감사하는 마음도 크다. 특히 이런 게 많이 생각난다. 중국 학생들과 같이 수업 듣고 밥 먹고 탁구도 하고 농구, 축구도 같이 하며 우정을 쌓던 일, 또 세계 각국에서 온 다양한 친구들과도 교류했던 일, 그리고 무엇보다 같이 동고동락을 나눴던 한국인 친구들과의 끈끈한 시간들. 좋으면 좋은 대로, 힘들면 힘든 대로 서로 의지하고 격려하며 울고 웃던 날들. 유학 생활이 나에게 준 가장 큰 자산은 역시 사람들이 아닐까 싶다.

그리고 언제나 변함없이 나를 반겨주던 캠퍼스, 허기를 채워주던 식당들, 보는 이의 감탄을 자아내던 상하이의 여러 공간들, 역사와 문화가 새겨진 흔적들, 외부인을 힘들게 했던 상하이의 혹독한 기후까지 모든 게 인상적으로 남아있다. 돌아보니 모든 것이 그립고 또 고맙다. 즐거웠다. 지금도 세계 곳곳에서 젊음을 불사르며 학업에 매진하는 유학생들, 그들 모두의 평안과 안녕, 그리고 발전을 기원해본다.

9. 봄날의 예원, 가을날의 예원

춥지도 덥지도 않은 날씨, 여행 가기 딱 좋은 날씨다. 3, 40년대 상하이를 동양의 파리라고 많이 불렀는데 요즘엔 '아시아의 뉴욕'이란 호칭도 좀 쓰는 것 같다. 어쨌든 아시아의 손꼽히는 대도시, 관광지로 인기가 많은 곳이 상하이다.

상하이는 서울보다 한참 남쪽이니 10월 말이나 11월쯤 가면 덥지 않고 딱 좋다. 가을이라 해도 낮엔 좀 더울 것이다. 알다시피 상하이는 북경이나 서안, 근처의 남경과 다르게 역사 유적지가 별로 없다. 20세기 들어와 급격하게 성장한 도시니 그럴 만하다. 그래도 상하이의 역사 문화 유적지 중 '원픽'을 꼽으라면, 역시 예원(豫園)일 것이다. 북경의 자금성, 남경의 중산릉, 서안의 진시황릉 등의 중국 곳곳의 유명 관광지를 가봤다면 상하이의 예원은 시시해 보일 수 있다. 이거 뭐 그냥 크지도 작지도 않은 흔한 강남의 정원 아닌가 싶을 수도 있다. 나도 처음 상하이에 와서 예원에 갔을 때 명성에 비해 그저 그런 예원에 좀 실망했었다. 오히려 예원 주위 상가들의 떠들썩한 분위기가 더

봄날의 예원

인상적이었다. 하지만 상하이에 몇 년 살면서 계절마다,
또 다양한 시간대마다 예원과 예원 일대를 자주 가면서 예
원의 그 아름다움과 멋스러움을 점점 사랑하게 되었다.

특히나 푸릇푸릇 녹색이 올라오는 한적한 봄날, 혹은
보슬비 내리는 봄날 예원에 가면 그 특유의 낭만적인 분위

예원 일대

기를 만끽할 수 있다. 강남의 봄이 어떤 것인지 피부로 느낄 수 있는 순간이다. 혹은 그 혹독한 여름을 지나 가을바람 선선하고 하늘이 높아진, 여기저기 단풍이 물드는 깊은 가을날 예원의 구석구석을 거니는 그 맛은 또 어떠한가.

예원에서의 그 고요한 시간을 지나 정문 밖으로 나오면 다시 정신없이 활기 가득한 현실이다. 그 수많은 인파를 헤치고 난샹 만두 가게에 들러 맛있는 만두 한 접시 먹으면, 세상 부러울 것 없다. 이제 예원 샹창을 지나 중국 제일의 거리, 그 100년의 명성을 가진 화려한 난징루나 젊은이들의 거리 신천지로 걸어가 보면 또 다른 모습의 상하이가 펼쳐질 터이다.

10. 임시 정부, 매원

　김훈의 소설 『하얼빈』을 읽었다. 안중근의 하얼빈 의거를 담담하게 다루고 있는데, 역시나 그것을 뚫고 나오는 뜨거움이 있었다. 한국인이라면 누구나 느낄 감정이다.

　책을 덮으니, 그 흔적을 찾아 하얼빈에 한번 가보고 싶다는 생각이 들었다. 가야지, 가야지 생각만 하고 아직 가보지 못했는데, 꼭 가야겠다는 결심이 생겼다.

　상하이에도 한국인이라면 꼭 가봐야 할 곳이 있다. 바로 대한민국 임시 정부 청사와 노신 공원 내 윤봉길 의사의 의거 현장을 기념하는 공간이다. 그곳에 가면 가슴이 뜨거워지고 울컥거린다. 먼저 임시 정부. 인근에 위치한 화려하고 개성적인 거리이자 핫 플레이스인 신천지와 대비되면서 더 애틋하고 안타까운 마음이 생겨나는데, 한국인에겐 성지와도 같은 곳이다 보니 늘 한국 관광객이 찾아온다. 처음 상하이에 가서 지도 따라 물어물어 찾아갔던 때가 생각난다.

노신 공원 내 윤봉길 기념관

그 뒤로도 여러 번 갔지만 그 좁은 골목 하며 그 시절 사용하던 책상, 가구들, 문서들을 보면 매번 울컥했다. 머나먼 타국에서 조국의 독립을 위해 애쓰던 우리의 선배들. 그들의 노고와 애국심을 잊어서는 안 될 것이다.

그리고 양포구 노신 공원 내 윤봉길 의사 기념관. 지금은 매원(梅園)이라는 이름의 기념관이 세워져 있지만 내가 유학하던 2000년대 초반에는 그냥 기념비석 하나뿐이었다. 살던 집에서도 가까워 산책 삼아서도 공원에 자주 갔고 그 기념석을 보며 흔들리는 마음을 다잡곤 했다. 그 앞

에 서면 가슴이 뜨거워지고 경건해지며 나를 돌아보게 된
다.

화려한 도시 상하이, 동서양의 문화가 뒤섞이던 용광로
같던 지난 세기 초 상하이엔 조국의 앞날을 걱정하며 애국
심을 불태우던 우리의 선배들이 있었다. 상하이에 가봐야
할 또 다른 이유가 될 것이다.

II. 상하이 외곽, 수향 마을

물이 많은 강남, 상하이 인근에는 오래된 수향들이 많다. 전통적 풍광을 아직 그대로 간직하고 있어 대도시 상하이와는 완전히 다른 기분을 느끼게 한다. 마치 시간을 거슬러 고대로 돌아간 듯한 기분, 운하와 다리, 그리고 그곳을 오르내리는 나룻배, 운하를 둘러싸고 조성된 고풍스러운 옛 건물.

상하이에서 몇 년 살다 보니 자연스레 여러 수향 마을에 가볼 기회가 있었다. 먼저, 학교에서 야유회 삼아 여러 번 버스를 대절해 갔었다. 대략 1, 2시간 거리였는데, 창밖 너머로 보이는 처음 보는 그 독특한 풍광이 신기하고 신선했다. 친구들, 동료들과 그 수향을 거닐며 사진도 찍고 이런저런 먹거리도 먹던 그때 그 시절. 유학 생활의 즐거운 추억 중 하나다.

또한 친하게 지낸 중국 동생이 여행사를 다녀 패키지 형식의 수향 나들이에 무료로 여러 번 참여한 적이 있다.

"꺼꺼, 주말에 뭐 해? 시탕 가는데 자리 하나 났으니까 같이 가자!"

그렇게 다녀온 곳이 주쟈자오, 저우좡, 시탕 등의 마을이다. 마을을 흐르는 수로 곳곳에 설치된 아치형의 멋들어진 다리가 특히 기억에 남는다. 상하이에 오게 되면 인근의 수향에 꼭 한번 들러 그 독특한 분위기와 느낌을 만끽하면 좋을 것 같다.

12. 상하이의 안개

상하이는 안개의 도시다. 만약 누군가 나에게 상하이
하면 가장 먼저 떠오르는 게 무엇이냐고 묻는다면 나는 비
와 안개라고 답할 것 같다. 그런 기후적인 특징을 들어 상
하이를 '동양의 런던'으로 비유해보면 어떨까 싶다. 주지
하듯 런던은 파리와 함께 유럽의 문화 중심지라 할 수 있
고, 사철 비와 안개로 유명한 도시다. 영국의 유명한 철학
자이자 문학가인 버트런드 러셀이 런던의 안개에 대해 글
로 써서 남겼을 정도다. 그뿐이 아니다. 유명한 인상주의
화가 모네는 안개 낀 런던의 풍경을 너무나 좋아하여 자주
그림의 소재로 삼았는데, 안개로 자욱한 워털루 다리, 국
회의사당 등을 화폭에 옮겼다. 이처럼 런던의 안개는 많은
예술가들에게 영감을 제공했다.

상하이는 중국 동부 연안의 해안 도시로서 동쪽으로
는 태평양과 마주하고 서쪽 내륙으로는 양쯔강과 연결되
어 있다. 상하이에 안개가 자주 끼는 이유는 이런 지리적
인 특징에서 기인한 것이다. 아쉽게도 상하이의 안개를 소

상하이의 안개

재로 삼은 예술가는 없는 것 같다. 하지만 분명 여러 예술
가들에게 많은 영감을 주었으리라 생각한다. 가령 40년
대 올드 상하이를 대표했던 뛰어난 감성의 작가 장아이링
도 상하이의 안개를 무척 사랑했을 것 같다는 생각이 든
다. 현재 거대 도시 상하이의 안개 속에는 온갖 매연과 유
해 물질, 미세먼지 등이 범벅되어 있을 것이다. 하지만 한

편으로는 대도시 상하이를 낭만적으로 채색하는 요소이기도 하다.

개인적으로 좋아하는 안개 낀 상하이의 풍광을 조금 더 얘기해본다. 십리양장이 펼쳐지는 와이탄, 황푸강 변에 아침마다 피어오르는 자욱한 안개를 나는 사랑한다. 동방명주, 금무대하 등 마천루가 즐비한 루자주이 부근, 밤이 되어 화려한 네온사인 사이로 뿜어 나오는 밤안개도 몹시 낭만적이다. 그리고, 와이탄에서 오각장으로 연결되는 도로 중 하나인 사평로에 수시로 깔리던 안개도 잊을 수 없다.

나는 다만 상하이의 안개를 사랑하여, 자전거에 올라 안개를 헤치며 상하이 곳곳을 달리고 또 달렸다.

13. 장아이링 로드

상하이는 현재 인구 2천만을 넘는 메트로폴리스이자 중국 경제, 문화의 중심으로서 세계적인 명성을 가지고 있는 도시다. 전 세계 수많은 관광객들이 상하이를 찾고 있고 많은 중국인들은 상하이에서 살고 싶어 한다. 그래서 상하이 시민들은 높은 자부심을 갖고 있다.

이처럼 현대의 상하이도 대단하지만, 지난 세기 3, 40년대 상하이는 아시아 최대 도시이자 문화적 수도로 그 명성이 자자했다. 뉴욕, 파리, 런던과 더불어 세계 4대 도시로 손꼽혔고, 동서양의 문화가 뒤섞인 대단히 특색 있는 도시였다. 동양의 파리, 마도(魔都), 모험가의 낙원 등등의 별칭이 당시 상하이의 특징을 짐작하게 해준다. 상하이에 몇 년 살면서 이 '올드 상하이'에 강렬한 흥미가 생긴 나는, 기어이 그 흔적과 역사를 찾아보게 됐다.

앞서도 언급했듯이 장아이링은 올드 상하이를 대표했던 작가 중 한 명이었다. 영화 <색, 계>의 원작자로 우리에게도 조금씩 알려지고 있는데, 중화권에서는 확고한 인기를 가지고 있는 유명 작가다. 장아이링은 특히나 상하이의 도시 문화와 여인들의 일상과 삶을 디테일하게 묘사하여 40년대 상하이에 대한 세밀한 풍경화를 완성했다는 평을 받는다. 장아이링은 전쟁, 혁명 같은 거창한 주제가 아닌 남녀 간의 감정, 상하이 유한계급의 일상, 과도기 여인들의 신산스러운 삶을 날카롭게 포착하고 있다. 요컨대 국제도시 상하이를 대표하는 20대의 고고한 여성 작가가 장아이링이었다. 나는 상하이에 살면서, 여전히 상하이 곳곳에 남아있는 장아이링의 흔적을 뒤좇으며 작품 속에서 묘사된 장소들을 찾아가 보기도 했고 졸업한 뒤로는 장아이링의 에세이를 번역, 출판하기도 했다.

40년대 젊은 장아이링의 주요 생활 반경이자 그녀가 좋아하고 자주 다녔던 장소들을 흔히 '장아이링 로드'라고 부른다. 장아이링을 좋아하는 이들에게는 상하이를 즐기는 또 하나의 루트가 될 만하다. 대략 우캉루, 헝산루, 화이하이루, 난징루, 푸저우 등의 중심 시가지, 프랑스 조계지 지역이 중심이 된다. 그리고 그 안에는 그녀가 살았던 창더 아파트, 자주 다녔던 절인 정안사, 자가용을 타고 오가던 대광명, 국태 영화관, 그리고 난징루 쪽에 몰려있던 고급 백화점 등이 있다. 그것들은 과거에만 있'었'던 것이 아니라 지금도 그 자리에 남아 '올드 상하이'의 풍경을 지키고 있다. 장아이링은 자신이 나고 자란 상하이, 특히 대도시, 국제도시 상하이의 면면을 사랑했고 특유의 감성으로 도시 문화를 상세히 묘사했다. 가령 아파트 생활의 즐거움, 쿵쿵거리며 다니는 전차, 비 오는 상하이의 거리, 영화관과 백화점의 풍경들. 그녀의 글 속에서 40년대 상하이가 생생하게 살아난다.

14. 영화의 도시

　나는 30대 초반을 상하이에서 보냈다. 서른 살에 유학을 가서 서른셋에 졸업했으니 청춘의 끝자락을 상하이에서 살았던 셈이다. 물론 중국어로 써야 하는 박사 논문에 대한 압박이 무척 심했지만, 돈벌이에 매일 수밖에 없는 직장인보다야 상대적으로 자유와 개인 시간이 충분한 학생 신분이었다. 그렇다 보니 좀 더 색다른 시각에서 상하이를 느끼고 관찰할 수 있었다. 유학 당시 나는 화려한 당대의 상하이도 물론 좋아했지만 그보다 지난 20세기 3, 40년대의 올드 상하이에 더 큰 관심과 흥미를 가지고 있었다. 주지하듯 지난 세기 초중반의 상하이는 아시아에서 가장 크고 화려하며 문화적으로 앞서갔던, 요컨대 모던의 상징과도 같은 거대 도시였다. 이 올드 상하이는 유학생인 나에게도 강렬한 매혹으로 다가왔던 것이다.

　아시아에서는 한 번도 경험해보지 못한 화려한 도시 문화. 말 그대로 신세계, 마도였던 도시 상하이의 흔적이 지금도 곳곳에 남아있으니, 나는 틈나는 대로 올드 상하이의 흔적을 뒤지며 과거로의 여행을 떠나곤 했다. 문호 노신의 흔적, 천재 여류 작가 장아이링의 흔적, 그리고 화려했던 30년대 상하이의 은막, 영화 산업을 좇으며 굉장한 흥미를 느끼곤 했다.

올드 상하이는 당대 중국 영화 산업의 메카였다. 지금이야 '영화' 하면 홍콩을 먼저 떠올리는 이들이 많지만, 중국 영화의 1차 황금기는 30년대 상하이로 거슬러 올라간다. 30년대 상하이는 아시아의 문화 수도답게 수십 개의 화려한 극장과 영화사가 호황을 누리고 있었고 1년에도 수백 편의 영화가 만들어졌으며 최신 할리우드 영화가 미국과 동시에 상영되었다. 말 그대로 아시아의 할리우드였던 것이다. 영화 황제 김염을 비롯해 완령옥, 주신, 호접과 같은 전설적 스타들도 탄생해 대중들의 사랑을 받았다. 그들의 흔적은 지금도 곳곳에 남아있다. 예컨대 상하이 시내에는 30년대 일류 영화관이었던 대광명 영화관, 국태 영화관 등이 아직도 굳건히 자리를 지키고 있다. 극장 안에는 전성기 시절 사진과 김염, 완령옥 등 30년대 톱 배우들의 흑백 사진이 걸려있다. 그것을 보고 있노라면 묘한 기분이 들고 또 애틋한 감정도 생긴다. 우리 한국인 출신으로 30년대 중국 영화계를 주름잡으며 중국의 영화 황제라는 호칭을 얻은 김염, 당대 톱스타였지만 자살로 생을 마

100년 역사의 상하이 국태 영화관

감한 완령옥, 중국의 그레타 가르보라 불린 호접 등 톱 배우들의 사진은 신선하고 매혹적이다.

물론 화려한 전성기는 지나갔지만 영화 도시 상하이는 아직 유효하다. 중국의 많은 영화인들이 아직도 상하이에 많이 살고 있고, 중국에서 가장 규모가 큰 국제 영화제 역

시 상하이 영화제다. 상하이 외곽에는 '상하이 영시낙원'
이라는 이름의 대규모 영화 세트장이 있다. 올드 상하이
를 그대로 재현해놓고 있어 흥미롭다. 올드 상하이를 배경
으로 하는 수많은 드라마와 영화가 여기서 촬영되고 있다.
우리의 〈암살〉, 〈밀정〉, 〈아나키스트〉 같은 영화들도 이곳
에서 많이 촬영되었다.

5장

대륙의 관문, 복건성

5장
대륙의 관문, 복건성

　중국 동남부에 위치한 복건성(福建省)은 바다를 끼고 있으며 대만과 바로 마주하고 있다. 아열대 기후이고 면적의 70% 이상이 산지다. 하문, 복주, 천주 등의 항구 도시들이 국제적으로 잘 알려져 있고, 일찍부터 바닷길, 해상 무역을 개척하여 무역을 발전시켰으며 해외 진출 역시 많이 하여 중국 화교들의 고향으로도 잘 알려진 지역이다.

　상대적으로 우리 한국인들에게는 덜 알려진 곳이고 관광지로도 아직까지는 많은 관심을 받지 못하고 있는 것 같다. 하지만 복건성은 멋진 풍광과 수많은 문화 유적을 간직하고 있고 마음씨 좋은 사람들이 살고 있는 곳이다.

　중국에서 유학을 하고 수시로 중국을 드나들고 있지만 나 역시 복건성에 갈 기회가 딱히 없었다. 그러다 한 방송사와 함께 복건성 기행에 나선 것을 계기로 복건성에 깊은 관심이 생겨 구석구석 다니게 되었다. 앞으로 복건성의 여러 면면들이 많은 사람들에게 알려지길 희망해본다.

1. 아모이, 하문

하문

복건성의 하문(廈門)은 중국인들이 겨울철을 보내고 싶
은 최고의 휴양지로 자주 선정된다. 따뜻한 기후, 바다를 마주한 시원하고 깨끗한 환경, 중국 여느 대도시 못지않은 크고 세련된 모습, 그리고 남국 바다 특유의 낭만까지 더해진 하문은 여러 장점을 가진 도시임에 틀림없다.

복건성의 성도는 복주지만 국제적으로 더 알려진 복건성 제1의 도시는 하문일 것이다. 하문은 따뜻한 기후와 지리적 이점으로 인해 고대부터 항구로써 널리 활용되었다. 인근의 동남아 일대는 물론 명대에 이르면 네덜란드, 영국, 포르투갈 등의 서양과도 교류를 했는데, 이때부터 아모이라는 이름이 사용되었다. 당시 가장 인기 있던 품목이 바로 홍차다. 영국과 네덜란드는 중국과의 홍차 교역을 국책 사업으로 추진했을 정도로 공을 들였고, 그 주요 항구가 바로 하문이었다. 주지하듯 아편 전쟁 후 맺어진 남경 조약에서 하문은 상하이, 광주 등과 함께 개항된 이래 국제적 항구로서의 명성을 더욱 떨치게 되었고 이후 홍콩, 상하이, 남양 등지를 연결하는 중계 무역항으로 크게 발전하였다.

하문은 또한 바다를 사이에 두고 대만과 바로 마주하고 있다. 역대로 대만과도 밀접한 관계를 맺어왔다는 것을 쉽게 짐작할 수 있다. 본토 출신의 중국인들은 대개 하문항을 통해 대만으로 이주하고 또 반대로 하문을 통해 본토로 돌아왔다. 지금도 하문과 대만은 서로 영향을 주고받고 있으며, 긴밀하게 연결되어 있다는 느낌을 풍긴다. 물론 양안 관계가 경색되거나 안 좋아지면 가장 먼저 긴장 분위기가 만들어지는 지역이기도 하다. 복건성의 또 다른 항구 도시 천주도 그렇지만 일찌감치 해양 무역을 개척했던 하문 지역은 동남아 화교들의 고향 같은 곳이다. 해외에서 돈을 벌어 돌아와 하문 일대에서 크게 사업을 펼치는 경우도 많았다. 게다가 1979년 심천, 주해와 함께 경제 특구로 지정되면서 더욱 큰 대도시로 발전하게 되었다.

그리하여 하문 국제공항에 도착하면, 여기가 남국이라는 느낌을 아주 직접적으로 받게 된다. 야자수가 늘어선 도로, 덥고 습한 기후, 스콜처럼 수시 때때로 내리는 비 등은 흡사 동남아의 도시를 방불케 한다. 자, 하문에서 숙소를 정했다면 어디를 가봐야 할까?

2. 낭만의 섬, 구랑위

구랑위

　구랑위(鼓浪嶼)는 하문에서 700미터 떨어진 인근의 작은 섬이다. 섬의 면적도 크지 않아 그냥 바람 쐬러 가볍게 가 볼 수 있는 곳이다. 실제로 유명 관광지다 보니 365일 언제나 구랑위에 가려는 사람들로 붐빈다. 그 자체로도 아름다운 남쪽의 섬이지만 온갖 서구의 건축물들이 자리하고 있어 이국적인 느낌이 강하게 나는 곳이다. 구랑위는 지난 세기 영국의 조계지, 그중에서도 휴양지로 개발되어 각양각색의 다양한 별장이 있다. 1903년 조계지가 되면서 중국인의 출입을 금지하기도 했다. 그렇듯 아픈 역사를 가진 섬이지만 지금은 아름답고 낭만적이며 아주 이국적이기도 한 남국의 섬인 것이다. 섬에서 가장 높은 곳에 위치한 일광암(日光庵)에 오르면 구랑위 전체와 바다, 그리고 바다 건너 하문의 전경이 한눈에 들어온다. 그리고 그 아래에 있는 해빈 해변은 하문 지역에서 가장 유명한 해변이다. 말 그대로 '별이 쏟아지는 해변으로 가요'라는 노래가 절로 나올 정도로 낭만적인 풍광을 보여준다. 야자수, 파도 소리, 모래사장, 아름다운 선셋, 소녀들의 웃음소리. 아, 일상의 피로에 지친이들이여, 구랑위로 가보시라!

19세기 말 서구 제국주의에 의해 무력하게 무너져가던 청나라가 외부의 침략에 대응하기 위해 급히 만든 해안 포대 중 하나가 하문 호리산 포대다. 많은 돈을 주고 독일에서 사왔다고 하는데, 실로 엄청난 크기를 자랑한다. 지금은 관광객들의 기념 촬영용으로 쓰이고 있지만 당시로써는 절박한 상황을 대표하는 무기였을 것이다. 전망 좋은 바닷가에 위치하고 있으니 포대 일대를 천천히 걸으며 잠깐 마음의 여유를 가져본다.

　당나라 때 지었다는 천년 고찰 남보타사도 하문에서 빼놓을 수 없는 볼거리다. 복건성 내 사찰 중 최대 규모를 자랑하며 불상의 화려함과 개성적인 모습도 이름나 있다. 높은 지대에 위치하고 있어서 노을 지는 저녁 시간대에는 하문 시내와 남중국해를 관망하며 아름다운 선셋을 볼 수 있는 명당이다.

3. 성도, 복주

복건성의 성도답게 복주(福州)는 복건성의 경제, 문화의 중심지다. 무려 진대부터 개발된 도시로, 송나라 이후부터 복건 지역의 중심 도시로 발전해 왔다. 또한 고대 남부 지역 최대 무역항으로 이름을 날렸던 천주가 쇠퇴되기 시작한 명대 이후로는 항구로서의 명성을 점점 더 높였고, 아편 전쟁 후 개항된 뒤로는 하문과 더불어 남동부의 주요 무역항의 역할을 담당하고 있다.

복주 시내 번화가 한편에 명청 시대 건축물을 그대로 보존하고 있는 거리 하나가 있는데, 바로 삼방칠항(三坊七巷)이라는 이름의 거리다. 당시 만들어진 가옥, 상점 등의 건축물 수백 개가 남아있고 지금도 그 안에 살고 있는 이들이 많다. 그 거리 일대는 차량을 통제하여 차가 다니지 않고 대신 관광객을 위한 인력거가 운행되고 있다. 삼방칠항을 천천히 걸으면 마치 명청 시대로 돌아간 듯한, 시간 여행을 하는 기분을 느낀다. 7개의 골목이란 이름처럼 골목들이 펼쳐져 있는데, 그중 어느 골목에라도 접어들면 과

삼방칠항

거의 복식으로 차려입은 사람들이 걸어다닐 것만 같다. 거
리 상점엔 술이며 차, 갖가지 음식을 파는 가게들이 성업
중이고 오가는 관광객들을 위한 여러 가지 볼거리들도 넘
쳐난다. 예컨대 그 어느 한쪽에서 돈 얼마를 내고 본 그림
자극이 생각난다. 또한 몇백 년 된 옛 가옥을 그대로 지키
고 사는 구순의 어떤 할머니를 우연히 만났던 일화도 떠오
르는데, 홍콩, 하문 등 외지로 나가 사는 자식들 이야기를
들려주었다.

삼방칠항에서 멀지 않은 곳에 위치한 임칙서 기념관도 한번 들러볼 만하다. 복건이 배출한 걸출한 인물로 지금도 많은 중국인들에게 존경과 사랑을 받는 임칙서를 기념하여 만든 이 공간에 매일 많은 이들이 방문한다. 임칙서라는 이름은 우리에게도 익숙하다. 무력하게 무너져가던 조국을 어떻게든 일으켜 세우고 지키려던 그의 애국주의 정신은 오늘날에도 많은 이들의 가슴을 울리고 있는 것이다.

복건성은 보양식 불도장의 고향이기도 하다. 게다가 복주는 복건성의 중심 도시이니 복주에 왔다면 불도장을 한번 맛보면 좋으리라. 고급 식자재가 많이 들어간 음식이기에 가격은 꽤 비싼 편이지만 1인용으로도 파니 크게 부담 없이 불도장의 진수를 맛볼 수 있을 것이다. 불도장(佛跳墻), 이름이 재밌다. 얼마나 맛이 좋고 향이 좋았으면 이웃집 스님佛이 담을 타고跳墻 넘어왔겠는가.

산이 많은 복건성, 그중 고산의 중턱에 자리한 용천사(龍泉寺)도 복주의 주요 볼거리다. 송나라 때 만들어졌다는 이 용천사는 전통과 멋진 풍광을 자랑한다. 절 입구 쪽의 천불보탑도 근사하고 수많은 불교 경전이 보관되어 있다는 장경루의 모습도 볼 만하다.

4. 고대 중국의 최대 무역항, 천주

현재 복건성의 주요 도시를 들라면 하문과 복주를 먼저 들지만, 고대 중국에선 단연 천주(泉州)였다. 서역에서 몰려온 아라비아 상인들이 그들의 거주지를 따로 만들 정도로 활발한 무역의 창구였다. 대략 당나라 후기부터 시작하여 송원 시기에 가장 번성했던 중국 최대의 무역항이 바로 천주였다. 그 유명한 마르코 폴로의 동방견문록에서 천주를 세계에서 가장 큰 무역항으로 소개하고 있을 정도다. 그러다 명대 이후로 차차 그 명성을 인근의 하문과 복주로 넘겨주었다.

고대부터 수많은 아랍 상인들과 서양 무역업자들이 드나들었던 흔적은 지금도 고스란히 남아있는데, 가령 오래된 모스크, 힌두교 사원, 성당 등이 천주에 많이 있다. 현재 중국 정부는 천주가 고대 중국의 최대 무역항이었다는 점을 부각시키기 위해 많은 행사를 개최하고 대내외로 홍보하고 있다. 이른바 '신新실크로드'를 표방하고 있는 중국의 일대일로가 당연하다는 듯이 천주를 출발지로 삼고 있는 것도 같은 맥락이다.

천주 해외 교통사 박물관은 고대 무역항으로 명성을 날렸던 항구 도시 천주의 역사, 그중에서도 해상 무역, 배, 교역물 등에 대한 역사를 잘 이해할 수 있도록 꾸며놓았다. 천주에 왔다면 한번쯤 들러 왕년에 이름 좀 날린 천주에 대해 살펴봐도 좋을 터이다. 중국 곳곳에 다양한 박물관이 많지만, 해양 관련한 박물관으로는 꽤 큰 규모일 것이다. 하긴 천주이니 그럴 법하다는 생각이 든다.

천주에서 한 군데 더 꼽으라면 개원사(開元寺) 정도를 들겠다. 당나라 때 건축된 절이라니 말 그대로 천 년의 사찰이다. 중국 전역에 천 년 넘는 사찰이나 유적이 많긴 하지만 이런 오래된 사찰, 유적 앞에 서면 언제나 아득해지고 경건해지는 법이다. 특히 우뚝 솟은 서탑과 동탑은 화려하고 웅장하여 보는 이를 압도한다. 이런 명사찰에 들렀다면 나도 향불 하나 올리고 마음속 소원 하나 빌어보는 것도 괜찮으리라.

5. 또 하나의 소림사, 남소림사

중국 무술의 산실이자 상징 같은 곳이 소림사이다. 그
런데 중국에 소림사는 두 군데 있다는 걸 아는가. 일반적
으로 잘 알려진 곳은 숭산의 소림사이다. 이곳은 편의상
북소림사라 불리고 복건성 천주에 남소림사가 있다. 세계
적 지명도를 가지다 보니 상당히 상업화된 북소림에 비해
천주의 남소림은 아직은 한적하고 수수한 모습이다.

지역적 차이 외에 무술 동작 자체도 차이가 있어 흥미
롭다. 북소림의 무술이 동작이 크고 화려한 것에 비해 남
소림의 동작은 작은 편이다. 하지만 그만큼 더 빠르다는
장점이 있다. 이는 남소림의 무술이 주로 바닷가, 혹은 배
위에서 활용되기 때문이라고 무술 사부가 설명해주었다.
복건성은 산악이 많고 바다를 끼고 있기 때문에 예로부터
바다를 통한 외부의 침입이 잦았고 이로 인해 스스로를 지
켜내기 위하여 강인한 신체 단련은 필수였던 것이다. 왜
남소림사가 이 지역에 존재했는지, 그리고 왜 그들의 무술
이 짧으면서 강한 동작 위주로 구성되었는지 이해가 가는

남소림사

대목이다. 복건성 산속 깊은 곳에 살고 있는 여러 소수 민족들도 각자 나름대로 개발한 무술이 있는데 그 역시 같은 맥락에서 바라볼 수 있다.

남소림사에서 무술 실력이 뛰어난 고수의 시범을 본 일도 즐거웠지만, 전국 각지에서 몰려든 어린 학생들이야말로 내 흥미를 단단히 끌었다. 그들은 마치 기숙 학교에 다니듯 남소림사에서 먹고 자며 짧게는 몇 개월에서 길게는 5, 6년씩 무술 연마를 하고 있었다. 그리고 그들의 꿈은 이소룡이나 이연걸 같은 유명한 무술 스타가 되는 것이었다.

한국이나 중국이나 절에서는 무료로 밥을 먹을 수 있는데, 남소림사에서 먹은 점심은 정말 꿀맛이었다. 오전에 잠깐 무술 체험을 한 터라 허기가 진 것도 이유였겠지만, 각종 야채와 두부 요리는 정말 맛있었다. 그 맛이 오래 기억에 남아있다.

6. 복건의 상징, 토루

복건성의 수많은 문화 유적 중 객가인(客家人)의 독특한 주거 양식인 토루(土樓)를 또한 빼놓을 수 없다. 세계 문화 유산으로도 등재된 이 수백 년 된 토루는 과연 어떻게 만든 것인가부터 해서 왜 이런 요새 같은 것을 만들게 되었는지까지, 보면 볼수록 신기하고 보는 이를 궁금하게 만드는 매력이 있다.

일단 객가인이 어떤 사람들인가부터 알아야 한다. 그들의 조상은 고대 중원 지역에 살던 한족들인데 끊임없이 이어지는 전란을 피해 복건성, 광동성 등지의 깊은 산속으로 대규모 피난을 와 그들끼리 독자적인 그룹을 지어 살게 된 것이다. 말 그대로 손님客처럼 먼 곳에서 옮겨와 외부와 단절하고 꼭꼭 숨어 살아왔기에 '타향에 사는 사람'이라는 뜻의 이름을 쓰게 되었다. 그들은 고대 한족 엘리트의 후예라는 자부심이 강하고 근면 성실하며 교육열이 높아 많은 역사적 인물들을 배출했다.

토루

　토루를 보기 위해서는 하문이나 복주에서 차로 7, 8시간을 달려 깊은 산속으로 들어가야 한다. 어떻게 이런 깊은 산속을 택했나 싶을 정도로 험한 산을 지나야 한다. 일설에는 80년대까지도 외부에 잘 알려지지 않았을 정도였다고 한다. 또한 미국에서는 이 깊은 산속에 요새와 같이 몰려있는 독특한 구조물을 산속에 숨겨둔 미사일 부대 등으로 오인했다는 설도 있다. 지금은 물론 외부에 널리 알려지고 큰 토루들은 거의 관광지화되었지만, 아직도 여전히 많은 객가인들이 토루에 살고 있다.

　가장 크고 오래된 토루는 800년의 역사에 높이가 20미터에 이르는 거대한 규모를 자랑한다. 지금으로 치면 고층 아파트 같은 개념인데, 그 안에서 모든 생활이 가능하도록 수로를 비롯한 갖가지 시설을 갖추고 있다. 마당은 공동으로 사용하고 1층은 창고, 2층은 부엌, 3층은 침실로 사용한다. 안에서 빗장을 걸어 잠그면 외부 세계와는 철저히 단절되는 셈이다.

토루를 둘러보며 여타의 관광지와는 또 다른 감정을 느꼈다. 요컨대 신기하고 신비로웠다. 그리고 꿋꿋하게 전통을 지켜가는 그들의 공동체 문화, 넉넉한 인심, 사람 좋은 미소에 많은 감명을 받았다.

7. 수상 가옥, 싼두아오항

　우리에게는 거의 알려지지 않은 곳이지만 복건성 연안의 여러 항구 중에 영덕현 싼두아오(三都澳)라는 곳이 있다. 천혜의 군사적 요충지라 해군 기지가 있어 해군들이 많이 다닌다. 그리고 이 싼두아오가 중국 내에서 유명한 것은 무엇보다도 바다 위에 목조로 된 집을 짓고 바다를 내 집 삼아 살아가는 사람들이 있기 때문이다. 동남아에서는 흔히 있는 생활 방식이지만 중국에서 이런 대규모 바다 집시들이 있는 것은 드문 케이스이다.

　이 싼두아오 인근의 해상가옥을 보기 위해 물어물어 찾아갔다. 어민들과 해군들이 뒤섞인 작은 싼두아오의 풍광을 보니 허우 샤오시엔의 고향이자 그의 영화에 자주 등장하는 대만의 항구 도시 까오슝이 생각나기도 했다. 특히 하얀 해군 제복을 입은 젊은이들을 보자 군 입대를 위해 배를 타고 까오슝을 떠나가던 60년대 남자 장진의 모습이 겹쳐 보이기도 했다. 기억이 흐릿한데 바다가 잘 내려다보이는 언덕 위에 위치한 어떤 유적지도 둘러봤던 것 같다.

본격적인 해상 가옥을 만나기 위해 배를 타고 한참을 들어가 드디어 마치 작은 도시처럼 마을을 이루고 있는 해상 가옥 군락을 만났다. 그리고 그곳에서 살고 있는 사람들의 일상을 들여다보았다. 미역을 키우기도 하고 인근 바다에 나가 어업을 하며 생계를 꾸리고 있었고, 아이들은 학교에 가기 위해 배를 타고 30분씩 육지로 등하교를 하고 있었다.

또한 아예 배 자체를 집으로 삼아 모든 생활을 배 위에서 하는 이들도 있었다. 그들의 이야기와 생활을 좀 더 자세히 듣고 싶었지만, 자신들의 사생활을 외부에 공개하고 싶어 하지 않는 이들이 있었다.

반나절 함께하면서 조금 친해진 한 가족들과는 같이 밥을 먹으며 이런저런 이야기도 나눴고 미역 걷이를 하는 그들을 위해 일손을 좀 보태기도 했다. 특히 갓 잡아온 게와 여러 해산물 요리를 함께 먹었는데, 크, 그 맛이 정말 일품이었다. 그들은 매일 먹는 흔한 가정식 요리일 텐데 정말 맛있었다. 다시 배를 타고 육지로 나오는데, 우리를 배웅한다고 따라나선 그 집의 어린 아들이 인사를 하며 눈물을 뚝뚝 흘렸다. 그새 정이 든 것이고 또 그만큼 순수한 아이의 마음이 느껴져 나도 가슴이 뭉클했다. 그게 벌써 10년 전이니 그도 이제 건강하고 씩씩한, 멋진 청년이 되었을 것이다. 그 아이가 보고 싶다.

8. 운수요 수향 마을

앞서 토루 이야기를 했는데, 수많은 토루 마을 중에서 아름다운 경치로 유명한 곳 중 하나가 운수요(雲水謠)라는 이름의 마을이다. 영화 <운수요>의 배경지가 되었고, 우리가 중국에 수출한 예능 프로그램 <아빠! 어디가?>를 이곳에서 찍기도 했다. 한국의 예능 <신서유기> 팀도 이곳에 다녀갔다. 마을에는 50여 개의 토루가 몰려있는데 그중 몇 개는 세계 문화유산으로 등재되어 있을 정도로 크기가 크고 보존도 잘 되어 있다.

이 운수요 마을은 한가로이 흐르는 시내와 그 주위를 둘러싸고 있는 수백 년 된 용수나무가 조화를 이루며 아주 멋진 풍경을 연출한다. 엄청난 크기와 높이를 자랑하는 용수나무는 마을 사람들에게 안식처를 만들어준다. 전국에서 수많은 관광객들이 이 아름다운 풍경을 보러 찾아 온다. 마을 사람들은 나무 아래 앉아 담소를 나누고 휴식을 취하며 악기도 연주하고 장기, 바둑도 두면서 한가로이 시간을 보낸다. 요컨대 물과 나무와 사람이 잘 어우러진 마을이다.

운수요 마을

　마을 촌장님의 안내를 받으며 운수요 마을을 둘러보았다. 그리고 천 년 된 용수나무에 얽힌 여러 신비한 전설을 전해 듣기도 했다. 취미 삼아 즐긴다는 촌장님의 얼후 연주도 덤으로 들어볼 수 있었다. 돌아가는 길에는 행운과 무탈을 기약한다며 용수 나뭇가지에 붉은 천 하나를 매달아주기도 했다.

　복건성에 여행을 간다면 아마도 토루 관람은 필수일 것이다. 토루 전체를 볼 수는 없을 것이고 가장 유명한 토루들을 먼저 보게 될 터다. 그런 후 그 여운을 좀 더 느끼고 싶다면 이 운수요 마을에 들러 한가로이 거닐어보는 것도 좋은 관람 루트가 되리라.

9. 서족 마을

중국은 다민족 국가다. 공식적으로 인정한 소수 민족은 55개다. 그들은 오래전부터 자신들의 땅에서 전통과 문화를 지켜왔지만, 갈수록 자신들의 정체성을 지키기 어려워지고 있다. 중국 정부는 표면적으로는 소수 민족들을 보호하고 우대하는 정책을 펴고있지만, 실상 그들은 사회적 약자로서 차별과 편견에 노출되어 있고, 주변으로 점점 더 밀려나며 축소되고 있는 것이 현실이다.

복건성 기행을 계획하며 서족(畬族)을 찾아가 보기로 했다. 그들이 살고 있다는 마을로 찾아갔지만 서족은 좀처럼 만나기 어려웠다. 수소문해보니 거주지를 더 깊은 산속으로 옮겨갔다는 말을 들었다. 어떻게 해야 하나 난감해하던 터에 읍내에서 오토바이를 몰고 온 서족 청년을 만났다. 자초지종을 얘기했더니 그는 자신들의 마을로 함께 가자고 했고, 나는 그의 오토바이 뒤에 올라타 비포장 산길을 달려 그들의 마을에 도착했다.

자그마한 마을, 한적한 산골 동네였다. 서족 전통 복장을 입은 할머니들을 더러 볼 수 있었다. 젊은 세대들은 평상시엔 전통복을 입지 않는 듯했다. 소박하게 농사를 짓고 녹차를 가꾸며 사는 이들이 많았다. 서족들도 객가인들처럼 산속 깊은 곳에 살면서 독자적으로 삶을 꾸려간다. 그래서 산객(山客)이라는 별칭으로도 불린다.

그들의 전통 가옥과 마을의 사당, 그리고 서족을 상징하는 독특한 상징물 등을 안내받아 둘러볼 수 있었다. 친절하고 인정이 많은 사람들이었다.

가장 기억에 남는 것은 자신들이 직접 만들었다는 서족 특유의 무예 동작이었고, 일할 때 함께 부르는 노동요, 또는 축제의 노래였다. 함께 노래를 부르고 무술을 따라해보고 또한 춤을 추며 즐거운 시간을 보냈다.

10. 복건의 명산, 무이산

복건성이 자랑하는 명산이 무이산(武夷山)이다. 무이산 기슭에서 자라는 녹차는 전국적으로 유명하고 신선이 노닌다는 무이계곡의 명성도 자자하다. 무엇보다 무이산 자락에 터를 잡고 후학을 기르며 성리학을 완성한 주희의 명성 덕분에 더 이름이 알려지기도 한 산이다.

해발 수천 미터에 이르는 고산이 즐비한 중국에서 530미터에 불과한 무이산, 하지만 무이산의 풍광은 장관이다. 아홉 번을 굽이치며 돌아든다는 구곡계와 초록빛 가득한 물색이 장관이며 손오공이 뛰어 노닐었을 법한 기암괴석, 그리고 절벽들이 보는 이를 압도한다. 신선들이 와서 노닐었다는 천유봉과 장판바위 등 곳곳에 스며든 이야기들도 흥미롭고 신비하다.

주자를 숭상한 우리 조선의 선비들은 꿈속에서라도 이곳 구곡계와 주자가 거처했던 무이 사당의 방문을 고대했을 것이다. 당대 최고의 유학자 율곡과 우암 선생도 자신의 집에 이 무이라는 이름을 붙였을 정도였으니 말이다.

무이산

  끝없이 이어지는 계단을 밟고 눈앞에 펼쳐지는 기암괴
석들의 향연을 목도하며 무이산 정상에 올랐다. 허, 그 멋
들어진 풍광을 어찌 말이나 글로 표현하리오. 직접 가서
느껴보는 게 상책이겠다. 다시 산을 내려와 대나무로 엮은
뗏목 주파이를 타고 한 시간여 무이계곡 유람을 하면 마치
내가 신선이 되어 선계를 노니는 듯한 기분을 맛볼 수 있
다. 청산녹수라는 말이 피부로 와닿는 시간이렷다.

마지막으로 무이산에 왔다면 명차 중의 명차 무이암차를 맛보고 그 오리지널의 진가를 느껴볼 차례다. 맑고 깨끗한 자연과 고온다습한 남부 특유의 환경, 그리고 무이산 특유의 토양에서 자라나는 이 명차는 중국인들이 무척 사랑하는 차다. 차에 대한 무지한 나는 무이암차에 대해 일장연설을 늘어놓는 현지인들의 장황한 설명에 별 공감을 못했지만, 어쨌든 그들이 건네주는 그 녹차의 맛은 좀 특별했던 것 같기도 했다. 현지에 왔으면 당연히 사가야 한다는 그들의 말을 듣고 나도 얼결에 한 봉지 사서 나중에 가족들과 나눠 마시기도 했다.

복건성은 상대적으로 우리 한국인들에게 덜 알려지고, 아직 덜 개척된 여행지다. 부디 많은 분들이 가서 무이산의 진면목을 보시고 즐기며 명차 무이암차도 맛볼 수 있으면 좋을 것 같다.

11. 마조의 고향, 미주도

바다와 맞닿은 복건성에는 많은 섬들이 있다. 그중 보현현에 속한 미주도(湄洲島)라는 섬이 있다. 미주도는 자그마한 섬이지만 전국적인 인지도를 가지고 있다. 바로 마조(媽祖)의 고향이기 때문이다.

중국 민간 신앙의 큰 축 중 하나가 마조 여신이다. 관우와 맞먹는다고 할 수 있다. 중국 전역, 특히 바다를 끼고 있는 중국의 동남부 쪽에서 많은 이들이 이 마조를 신으로 섬긴다. 마조는 이른바 바다의 여신으로 불리는데, 어려움에 처한 사람들을 도와주는 자비의 여신으로 통한다. 전설은 이렇다. 미주도에서 태어난 마조는 어렸을 때부터 수영을 잘했다. 어느 날 마조의 아버지와 네 형제가 바다에 나갔다가 풍랑을 만나 위험에 처하자 마조는 망설임 없이 뛰어들어 가족들을 구했다. 이러한 일화로부터 마조의 전설이 시작되었기 때문에 마조는 어부, 바다 선원들의 수호자가 되고 나아가 여신이 된 것이다. 이후 마조는 불교, 도교, 유교 등에서 다양한 모습으로 등장하여 사람들의 추앙을 받고 있다.

마조의 생일이 되면 인근 마을은 물론, 중국 전역, 그리고 해외 화교들까지도 마조의 고향 미주도에 모여 제를 올린다. 마침 그 행사에 참여할 기회가 있었다. 특이한 것은 행사에 참여하여 춤과 노래를 부르며 마조의 탄신일을 축하하는 사람들은 모두 여성들이라는 점이다. 또한 그의 사당에는 온갖 음식과 선물들이 올라가는데, 주로 장신구, 신발 등이 압도적이다. 이는 마조가 본인의 의지로 결혼을 하지 않은 처녀였던 것으로 전해진 것에 근거하는 것 같다. 예쁜 장신구와 고무신, 또는 아기 용품들이 선물로 바쳐진 것도 신기하고 흥미로웠다.

미주도 마조 사당에 오르기 위해서는 많은 계단을 올라야 한다. 형형색색의 옷을 차려입은 여러 마을의 축하단이 차례대로 사당으로 모이는 모습은 장관이었고, 미주도 언덕에 서 있는 거대한 마조 석상을 향해 수많은 사람들이 엎드려 절하는 광경을 보고 있자니 묘한 감정이 들었다. 마조를 향한 저들의 저 간절한 마음은 무엇인가. 그들은 과연 무슨 소원을 빌까. 궁금해서 몇몇 사람들에게 물어보니 마조에 대한 그들의 신념은 확고했으며, 그들이 비는 소원은 대개 가족들의 건강과 평안이었다.

미주도로 향하는 뱃길 20여 분 동안 많은 이들이 바다에 지전을 뿌리기도 했다. 마조 여신에 대해 관심이 생긴다면, 그녀의 고향 미주도에 한 번 가봐도 좋을 것 같다.

12. 혜안녀 마을

복건성의 많은 해안 마을 중 천주시 근처에 혜안현(惠安縣)이 있다. 그리고 여기엔 중국을 넘어 세계적으로 알려진 혜안녀들이 살고 있다. 혜안녀란 이 지역에서 자신들의 전통을 지켜나가며 살고 있는 여인들을 일컫는 말인데, 독특한 전통 복장을 입고 남자를 대신해 씩씩하게 생계를 꾸려가는 걸로 잘 알려져 있다. 비교하자면 우리의 제주 해녀들과 꽤 유사한 점이 있다.

마을에 남자들은 거의 보이지 않는다. 남자들은 보름씩, 한 달씩 바다에 나가 고기잡이를 하기에 집안일을 비롯한 마을의 모든 일들을 여자들이 맡아서 한다. 가령 힘든 건축 일도 밭일도 모두 여자들이 한다. 아마 바다에서 남편을 잃은 경우도 많을 텐데, 그런 여인들이 모여 살면서 서로 의지하고 사는 특수한 생활 방식이 생긴 듯하다.

일단 그녀들의 복장이 독특했다. 햇빛을 가리는 용도의 천은 형형색색 화려하다. 즉 멋을 추구하면서도 일할 때

편리하도록 실용성까지 두루 고려한 듯하고, 결혼 유무에 따라 복장의 차이를 약간씩 두는 것 같다. 그녀들의 근면 성실함과 강한 생활력은 중국 전역, 나아가 외부에도 잘 알려져 있다. 바다이다 보니 인근에서 잡아 온 여러 생선들을 사고 파는 어시장이 발달해있는데, 특히나 그곳에서 그녀들의 강한 생활력을 느낄 수 있었다. 양해를 구하고 찾아가 본 한 혜안녀 집은 나이 드신 시어머니와 며느리가 둘이 의지하며 살고 있었다.

6장

원더풀 타이베이

팬데믹 코로나로 인해 지난 몇 년간 하늘길이 막혀 중국에 가는 것이 어려웠다. 코로나가 엔데믹으로 전환되면서 항공선이 조금씩 열리고 있지만 중국 본토로 가는 것은 여전히 좀 어렵다. 비자 발급도 수월치 않다. 예전 수준으로 가려면 아직 시간이 좀 더 필요해 보인다.

반면 무비자로 관광이 가능한 대만의 경우는 왕래가 점차 활발해지면서 예전 상황으로 회복되고 있다. 수도 타이베이를 비롯해 가오슝, 타이중, 타이난으로 가는 항공선이 활발히 운영되고 있다. 사실 코로나 이전에도 타이완은 한국 관광객들이 많이 선호하는 곳이었고 특히 타이베이는 더더욱 그러했다. 타이베이의 유명 관광지, 먹거리들은 우리에게도 익숙하고 이런저런 여행 프로그램에서 빠지지 않는 단골 레퍼토리였다.

타이베이는 도쿄, 서울, 베이징, 상하이 같은 국제적인 대도시이고 중국의 전통과 현대가 잘 조화된 멋진 곳이라 많은 이들이 선호하는 관광지라 할 수 있을 것이다. 또한 본토에 비해 좀더 소프트하고 친절하다는 느낌이 있고, 대만 특유의 달달한 청춘 로맨스 영화와 드라마가 인기를 끌면서 특히나 젊은 관광객들이 많이 몰리는 도시이기도 하다. 중화권 여행을 처음 시작하는 이들이라면 첫 도시로 여기 타이베이를 선택해도 좋을 것 같다.

1. 11월의 타이베이

요즘엔 도깨비 여행이란 표현을 잘 안 쓰는데, 한때는 꽤 많이 쓰던 말이다. 주로 바쁜 직장인들이 주말을 끼고 밤을 이용하여 짧게 1박 3일, 혹은 2박, 3박 등으로 인근 아시아 대도시를 여행하는 걸 일컫던 말인데, 요즘 같은 코로나 시대엔 더더구나 아득한 말이 되어버린 것 같다.

학교 선생으로 사는 나는 여름과 겨울에 방학이 있으니 한 번 해외로 여행을 떠나면 보통 보름쯤 계획을 잡는다. 짧아도 한 열흘은 다녀와야 어디 갔다 온 거 같은 기분이 든다. 그래서 2박이나 3박 정도로 나가는 건 영 성에 안 차긴 하지만, 가끔 그렇게도 가는 경우가 있다. 주로 짧은 휴가를 낸 가족들과 가는 경우가 많은데, 도쿄, 오사카, 후쿠오카 같은 일본의 도시나 상하이, 베이징, 홍콩, 타이베이 같은 중화권의 도시들로 가곤 한다.

상하이, 홍콩, 타이베이, 도쿄, 오사카처럼 우리보다 훨씬 남쪽에 위치한 도시에 갈 때는 한 11월쯤 가면 참 좋은

것 같다. 한국은 이미 꽤 쌀쌀한 날씨지만, 그곳은 덥지도 춥지도 않은 딱 알맞은 날씨에 가을의 낭만을 한참 더 즐길 수 있으니 말이다. 몇 년 전 11월에 별 계획도 없이 훌쩍 떠났던 타이베이(臺北)도 그런 면에서 더욱 좋았던 것 같다.

본토에 익숙한 나는 타이완에 갈 때마다 확실히 좀 소프트하다,라는 느낌을 받는다. 아마 대부분 사람들이 다 그렇게 느낄 것이다. 타이완은 전체적으로 단정하고 친절하면서 아기자기한 느낌이다. 그렇다 보니 상대적으로 좀 더 거친(?) 대륙보다 타이완을 선호하는 관광객들도 많을 것이다. 특히 타이완의 달달한 청춘 로맨스 영화를 좋아하는 젊은 친구들이 타이베이를 비롯해 대만 곳곳으로 여행을 많이들 가는 것 같다. 물론 나 역시 타이베이의 활기와 낭만과 세련된 이미지를 무척 좋아한다.

11월이지만 타오위엔 공항에 내리는 순간, 아 여기가 남국은 남국이구나,를 느낀다. 춥기는커녕 조금만 걸으면 반팔로 다닐 판이다. 거리엔 야자수가 늘어서 색다른 느낌을 건넨다. 타이베이는 우리 서울처럼 교통이 편리해 어디에 숙소를 정해도 좋지만, 역시 번화가 시먼딩이면 더욱 좋다. 가성비 좋은 숙소들이 시먼딩 안에 수두룩하니 미리 예약만 하면 편리하게 이용할 수 있다. 그해 가을 우리의 타이베이 여행은 짧은 3박이었지만 서로 다른 느낌의 숙소, 두 군데에서 묵었다.

타이베이도 볼거리 즐길 거리가 수두룩이다. 어디에 포커스를 맞추느냐에 따라 여행의 일정이 많이 달라질 것이다. 우리의 경우 주어진 시간이 짧았고 아이들과 함께였기 때문에 많은 걸 본다기보다는 편안하게 쉰다는 기분으로 가볍게 둘러보기로 했다.

타이베이의 고궁 박물관은 세계적으로 명성이 높다. 보물 중의 보물은 다 모았다는 평가처럼 옥으로 만든 배추를 비롯하여 진기한 보물들이 가득이다. 타이완도 그렇고 대륙도 그렇고 중국인들의 박물관 사랑은 각별한 구석이 있다. 워낙 땅도 크고 역사도 장구하니 그렇겠지만, 아무튼 중국 어딜 가도 박물관이 많고 늘 사람들로 붐빈다. 나는 그런 모습을 보며 중국의 저력을 느낀다. 지난 과거의 유적, 유물, 그리고 사람들을 잊지 않고 기리는 것, 중국인들에게는 그것이 상당히 생활화되어 있다. 고궁 박물관은 산중턱에 위치한지라 바람이 장난 아니게 분다. 다행히 차지 않은 날씨라 오히려 시원하고 상쾌하다.

타이베이에 오면 꼭 먹어봐야 할 음식들, 가봐야 할 식당들이 좀 있다. 만두를 비롯한 딤섬 요리로 유명한 딘타이펑도 그중 하나다. 문제는 손님이 많아 오래 기다려야 한다는 점인데, 그래도 가족들은 기다린 보람이 있다고 평가했다. 아이들은 그 외에 망고 아이스크림, 버블티 같은 타이완의 유명 먹거리도 빠뜨리지 않았다.

타이베이에서 가장 유명한 사찰인 용산사(龍山寺)에도 한번 들러봐야 한다. 시먼 인근에 있는 용산사는 사시사철 사람들로 넘쳐난다. 타이베이에서 가장 오래된 사찰이고 굉장히 화려한 장식들이 인상적이며, 불교, 도교, 유교를 총망라한 곳으로서 항상 소원을 비는 이들로 붐벼 향냄새가 가득 피어난다.

저녁때쯤 천천히 걸어 시내의 중정(中正) 기념당과 광장을 둘러보는 것도 근사한 경험이다. 규모도 크고 웅장하며 멋진 풍광을 선사한다. 이름 그대로 타이완의 초대 총통인 장개석을 기념하는 곳으로, 타이완과 해외 각지의 화교들이 자금을 기부해서 지었다. 이윽고 타이베이 시내에 어둠이 내리고 도시의 네온사인이 일제히 켜지면 낮과는 또 다른 느낌의 타이베이를 만나게 된다. 분위기를 천천히 음미하면서 다음으로 타이베이의 랜드마크인 101 빌딩으로

용산사

가주면 좋을 것 같다. 다양한 음식점들이 있으니 고르는 재미도 있고, 맛있는 저녁을 먹을 수 있을 것이다.

다들 알겠지만 타이베이는 교통수단으로 오토바이가 대중화되어 있다. 젊은 남자들은 물론이고 여자들, 중년들끼리 삼삼오오 오토바이를 타고 지나가는 모습을 타이베이 거리에선 흔하게 마주한다. 그런 풍광을 보고 있으면 <청설>, <여친, 남친>, <쓰리 타임즈> 등등 타이베이에서 오토바이를 몰고 신나게 달리던 영화 속 주인공들이 그 속 어딘가에 있을 것 같은 느낌도 든다.

2. 타이베이 교외

타이베이 시내를 둘러봤으면 이제 교외로 좀 나가봐야 할 차례다. 많이들 가는 곳으로 예류 공원, 지우펀, 단수이 등을 꼽을 수 있을 것 같다. 타이완이 섬이다 보니 어디를 가도 바다와 쉽게 마주할 수 있는데 타이베이도 마찬가지다. 시내에서 조금만 나가면 멋진 바다 풍광을 볼 수 있다. 타이베이에서 바라보는 가을 바다, 좋다!

예류(野柳) 지질 공원은 바다도 바다지만 기이한 기암괴석을 볼 수 있어 독특한 풍경을 선사하는 곳이다. 줄을 서

예류 공원

서 사진을 찍을 정도로 인기 있는 여왕 모양의 바위를 비롯해서 신기한 모양의 바위들이 많다. 11월의 예류, 바다는 멋지고 바람도 시원하고 사람들의 표정도 밝다. 잠시나마 모든 시름을 놓고 천천히 걸어 봐도 좋으리. 시내에서 예류까지는 버스를 타고 갔는데, 어느 한적한 정류장에서 내려 쭉 걸어 들어간다. 중간중간에 해물 요리를 파는 식당들도 많다. 점심으로 게와 오징어 요리를 시켜 먹었는데, 맛이 아주 일품이었다.

마오콩(貓空)은 아이들이 가보고 싶어 한 곳이다. 지하철 동물원 역에서 내려 케이블카 타고 쭉 올라가면 된다. 일단 케이블카 타고 높은 곳에서 내려다보는 풍광이 좋은데 숲과 산이 이어지면서 초록의 향연이 펼쳐진다. 케이블카가 꽤 길게 이어지는데, 도착한 마오콩 지역은 산속의 작은 마을 같은 곳이다. 아기자기한 찻집이 좀 있고 공기 좋고 뭐 그 정도다. 내려갈 땐 작은 마을버스를 탔는데, 꼬불꼬불한 산길을 타고 내려간다. 여행지에선 그런 것도 소소한 재미다.

날씨가 더운 대만은 야시장 문화가 아주 발달했다. 스린(土林) 야시장, 사대 야시장 등 유명한 야시장이 여럿이다. 먹는 재미, 보는 재미가 쏠쏠하다. 말 그대로 불야성을

단수이

이루는 그곳에서, 북적이는 사람들 속에서 이것저것 먹어
보고 만져보는 재미가 크다. 스린 야시장, 듣던 대로 장관
이다. 우리도 인파에 묻혀서 꼬치며 과일이며 이것저것 먹
었던 것 같은데 정확히 뭐였는지는 기억이 가물가물하다.

　개인적으로 타이베이에서 가장 좋아하는 곳은 단수이
(淡水)다. 우리의 월미도나 제부도처럼 타이베이 시민들이
자주 찾는 해변 휴양지다. 전철을 타고 얼마를 나가면 종
점이 바로 단수이역이다. 노을이 아름답기로도 유명한 곳
이고 바다뿐 아니라 인근에 조성된 옛 거리를 걷는 재미도
좋다. 갖가지 물건들을 파는 개성 있는 가게들도 많고 광

장에는 공연하는 사람들, 놀러 나온 가족들, 연인들이 북적인다. 활기가 있고 낭만이 있다. 단수이 지역은 영화 <말할 수 없는 비밀>의 촬영지로도 잘 알려져 더 많은 관광객들이 찾고 있기도 하다. 시내에서 전철을 타고 한 40분 걸려 도착, 천천히 여유 있게 반나절 거닐다가 저녁까지 먹고 다시 시내의 숙소로 돌아왔다. 11월의 어느 주말 저녁의 단수이, 여유가 있고 낭만이 있다. 타이베이 곳곳이 다 좋지만, 남국의 이국적인 정취를 느끼기엔 단수이가 제격인 것 같다.

3. 타이베이, 겨울비

요즘 날씨 관련 뉴스를 자주 듣게 된다. 이상 기후가 세계적 화두가 된 지 오래되었다. 해마다 여름엔 기록적 폭염, 홍수, 또는 반대로 어떤 곳은 극심한 가뭄 등에 시달리고, 겨울엔 또 기록적 한파, 폭설로 몸살을 앓는다. 우리도 겨우내 한파가 이어졌고 남서부 지역엔 많은 눈이 내렸다. 일본의 어느 지방도 폭설이 내렸다 하고, 미국의 어느 도시도 영하 50도 밑으로 내려가는 기록적 한파와 눈을 기록했다는 소식이다.

대만에서도 한파로 100명 가까운 사람이 동사했다는 소식을 들었다. 그 한파라는 게 4도 정도의 기온이라는데 어쨌든 대만은 그렇다. 아열대 기후인 대만은 10도 밑으로 떨어지면 저온 주의보가 발령된다고 한다. 내가 유학했던 상하이의 경우도 겨울에 웬만해선 영하로 내려가지 않지만, 난방 시설이 발달되지 않은 데다가 바닷가 특유의 냉기가 더해져 겨울이 만만찮게 춥다. 대만도 그런 맥락에서 봐야 할 것이다. 그리고 대만은 비가 많이 내리는 나라다.

대만 가수 맹정위의 노래 중에 <겨울엔 비를 보러 타이베이로 오세요>라는 노래가 있다. 제목처럼 타이베이엔 겨울에 눈 대신 비가 자주 내린다. 우리에겐 상대적으로 따뜻하게 느껴지는 대만, 그리고 타이베이지만 겨울에 비가 잦아 좀 쓸쓸하고 을씨년스러운 느낌을 자주 받게 된다. 하긴 섬나라 대만은 겨울뿐 아니라 사철 비가 많은 나라다. 비를 싫어하지 않는다면 대만의 가을비, 겨울비가 한편으로는 낭만적으로 느껴질 수도 있을 것이다. 특히나 스치는 여행지에서 만나는 비는 감성을 자극하는 맛이 또 있는 법이다. 그러니 겨울 타이베이에서 비를 만나면 조금은 여유를 가지고 비를 즐길 수 있으면 좋겠다. 우산을 쓰고 단수이나 예류를 걸어도 좋고, 시내의 중정 기념관이나 고궁 박물관에서 내리는 비를 바라봐도 좋으리라. 저녁이나 밤에 꼭 나가보는 야시장에서도 떨어지는 빗소리를 노래 삼아 분위기를 더 즐겨봐도 좋지 않을까 싶다. 비 오는 겨울의 타이베이에 다시 가고 싶다.

4. 지우펀, 지롱

젊은 청춘들이 특히나 좋아하고 자주 찾는 대만의 관광지 중 하나가 바로 타이베이 교외에 위치한 지우펀(九份)이다. 영화나 드라마에 자주 등장했던 이유가 특히나 큰 것 같다. 대만의 세계적 감독 허우 샤오시엔의 명작 〈비정성시〉에 이 지우펀이 배경으로 나왔고, 일본 애니메이션 〈센과 치히로의 행방불명〉의 모티브가 되었던 곳이라 하여 더욱 유명해졌다. 지우펀은 예전에 금광을 채굴했던 곳으로 언덕이 많은 곳인데, 지금은 폐광이 되었고 대신에 골목 구석구석 개성 있고 아기자기한 카페와 음식점, 상점들이 들어와 관광객들을 불러 모으고 있다.

지우펀은 해안가 비탈에 위치한 터라 골목이 비좁고 구불구불하게 이어져 있다. 교통이 불편할 법도 하지만 그 특유의 분위기, 중국식 카페, 홍등, 개성 있는 기념품 상점들이 즐비해서 구경하는 재미가 쏠쏠하다. 해안가 언덕이다 보니 멀리 바다가 내려다보인다. 그 또한 독특하고 낭만적인 풍경이다. 지우펀을 구경하다 보면 이런저런 먹거

지우펀

리들을 그냥 지나칠 수 없다. 우리에게도 인기 만점인 펑리수, 구운 계란, 오징어 튀김, 아이스크림, 다양한 강정 등이 발길을 붙잡는다. 우리 입맛에도 무난히 잘 맞는다.

지우펀에서 차로 10여 분 나가면 지룽(基隆)이라는 항구가 나온다. 역시 지우펀과 묶어서 많이들 가보는 동네다. 한적한 포구라 바다를 보며 천천히 걸어보면 좋을 것 같다. 알록달록 예쁘게 색칠을 한 집들도 개성 있고 낭만적으로 보인다. 지우펀의 장점은 역시 신선하고 저렴한 해산물 요리를 먹을 수 있다는 점일 것이다. 해가 뉘엿뉘엿 넘어가면 야시장이 서는데, 신선한 회에서부터 각양각색의 꼬치구이를 먹을 수 있다. 대만에서 유명한 굴젓도 꼭 한 번 맛봐야 한다. 바다 향을 흠뻑 느낄 수 있을 것이다.

5. 스펀, 풍등

자, 다음으로는 풍등을 날리는 것으로 유명한 기차 마을 스펀(十份)에 가볼 차례다. 역시 타이베이에서 멀지 않은 외곽에 위치한 터라 하루 코스로 충분히 다녀올 수 있는 곳이다. 기차가 마을 중심을 지나가고 양옆으로 상점들이 줄지어 있다. 전체적으로 아기자기하고 오밀조밀하다는 느낌을 받는다. 기차는 대략 1시간 간격으로 마을을 지나간다. 스펀에 왔다면 꼭 한번 해볼 퍼포먼스가 있는데, 바로 소원을 적어 풍등을 날리는 것이다. 대개 건강, 재물, 애정, 대개 이 세 범주에 드는 소원을 적게 되는데, 왠지 다 이루어질 것 같다는 희망을 품고 하늘 위로 힘차게 날려보내면 된다.

스펀의 다양한 먹거리 중에 특히 유명한 것은 아마도 닭 날개 볶음밥인데, 대만의 영화나 드라마에서 이걸 먹는 장면이 참 많이 나온다. 마치 우리나라 영화에서 짜장면을 먹는 장면이 단골인 것처럼 말이다. 우리도 그런대로 맛있게 먹을 수 있는 음식이니 한번 시식해보면 좋을 것 같다.

기차와 풍등만 보는 것이 심심하다면 대만 최대의 폭포라는 스펀 폭포도 한번 구경해보면 좋겠다. 일명 대만의 나이아가라 폭포로 불린다. 보고 있자면 속이 후련해지는데, 그러고 보면 대만의 자연 풍광도 볼 게 많다. 스펀에서 1박을 하고 좀 더 천천히 둘러봐도 좋을 것이고, 일정이 촉박하다면 해가 지기 전에 다시 기차를 타고 타이베이 시내로 돌아가도 좋을 것 같다.

스펀 폭포

6. 먹거리 천국, 타이베이

한국의 청춘들이 대만 여행을 선호하는 이유는 여러 가지가 있겠지만 그중 하나가 또 먹거리 때문일 것이다. 중국이 음식 천국이라지만 우리 입에 잘 맞지 않는 음식도 많아 선뜻 나서지지 않는 부분이 있는 것도 사실이다. 중국 본토에 비해 대만은 상대적으로 좀 소프트하고 아기자기한 면이 많은데, 음식도 좀 그런 것 같다. 좀 더 정리 정돈이 되어 있는 느낌이랄까.

대만의 딘타이펑, 대왕 카스테라, 홍루이젠 샌드위치, 버블 밀크티 등은 대만을 넘어 세계적으로 잘 알려져 있고 우리 청춘들도 많이 좋아하는 음식이다. 한국에도 체인점이 들어와 있을 정도니 그 선호도를 알 수 있다.

타이베이에서 딘타이펑은 꼭 한번 가볼 만하다. 한국에 체인점이 있다 해도 역시 본점의 진가는 있기 마련이다. 좀 기다려야 하는 수고는 있지만 감내한 보람이 있을 것이다. '역시는 역시다!'라는 감탄이 나오는 샤오롱바오, 그리고 새우 만두 등이 특히 맛있고 그 외에도 볶음밥, 우육면

등도 좋다. 사실 중국 어디서나 먹을 수 있는 음식들이지
만 딘타이펑만의 맛이 또 있는 것 같다.

    샌드위치로 국제적 명성을 떨치는 홍루이젠은 부담 없
이 가볍게 먹을 수 있는 간식이랄까. 먹을 때마다 깔끔하
고 담백한 느낌을 받는다. 대만에서 먹으면 한국보다 훨씬
저렴한 가격이다.

우리에게 버블 밀크티로 더 알려진 이 음료는 중국어로
는 '쩐주나이차'라고 불리고 대만이 원조다. 대만 타이중
의 춘수당이란 곳에서 처음 만들었다고 알려져 있다. 쩐주
(타피오카)의 그 말캉말캉한 식감과 달달한 밀크티의 조화가
딱이다. 현재 이 밀크티는 종류가 수십 가지에 달하고 이
름도 갖가지인 데다가 비주얼도 각양각색이어서 정신없을
정도다.

　몇 가지 예를 들어봤지만, 그 외에도 타이베이에는 수
많은 먹거리가 관광객을 유혹한다. 각 동네마다 유명한 맛
집들이 또 즐비하다. 야시장에서 펼쳐지는 음식의 향연은
또 어떤가. 식도락가, 배고픈 이들이여, 타이베이로 가시
라!

7장

아버지와 떠난 중국 여행

7장
아버지와 떠난 중국 여행

"이 박사, 이번 방학 때 뭐 해? 시간 좀 돼?"

"시간이야 뭐 되죠. 그런데 왜요?"

"이번에 나랑 중국 여행 함 갈까?"

여행은 어디로 가느냐도 중요하지만 누구랑 함께 가느냐도 중요하다. 어느 해 겨울방학, 나는 아버지와 보름에 걸쳐 중국 여행을 간 적이 있다. 지도 하나 들고 말 그대로 발길 닿는 대로 떠나는 자유로운 배낭여행이었다. 10여 년 전 아버지가 70대이셨을 때다. 보름 24시간 내내 아버지와 함께하며 많은 걸 공유하고 또 이야기를 나눈 그때 그 경험은 우리 부자에게 소중한 추억으로 남아있다. 아버지는 지금도 건강하신 편이고 가끔 가보고 싶은 곳으로 황산 이야기를 하신다. 코로나 상황이 좋아지면 한 번 또 모시고 가려고 한다. 그럴 기회가 꼭 주어지면 좋겠다.

아버지와 아들. 같은 유교 문화권에서 자란 우리들은 자랄 때도 그렇고, 성인이 되고 난 뒤에도 아버지와 그리

살갑게 지내지 못한다. 대부분 다 그렇지 않을까. 요즘에
야 친구 같은 아빠가 되려고 많이들 노력도 하는 것 같은
데, 나 같은 중년 세대들에게 아버지란 아무래도 좀 어렵
고 엄한 존재였던 기억이 클 것 같다. 내 아버지와 나도 그
랬다. 중등학교 선생님이었던 아버지는 자식들에게 엄격
했고 보수적이었다. 사춘기의 나는 아버지와 갈등도 많았
고 딱딱했던 학교 생활도 영 답답했다. 우리 집 삼 남매 중
내가 가장 반항적이고 좀 튀었는데, 어찌어찌하다 보니 아
버지의 뒤를 이어 교직의 길을 걷고 있는 게 또 나다. 조금
나이를 먹고 공부도 더 하고 철이 좀 들고 보니 아버지를
좀 더 이해하게 되고 허심탄회하게 이야기도 하게 되는 것
같다.

　내 아버지는 평소 자기 관리에 철저하고 독립적인 분이
지만, 내 나라가 아닌 타국에서는 이야기가 달라진다. 중
국에서 보낸 보름 동안은 아무래도 내가 아버지의 보호자
가 되어 여러 가지를 챙겨야 했는데, 그게 아들로서 기쁘
고 또 보람도 있었던 것 같다. 그렇게 아버지와 아들이 함
께했던 시간은 좋은 추억이 되어 지금도 종종 그때 이야기
를 재밌게 나눈다.

위해 환취루

　아버지와 함께 떠났던 그해 겨울의 중국 여행을 생각나는 대로 좀 적어보려고 한다. 발길 닿는 대로 가되 겨울이니 북쪽보다는 남쪽으로 돌아보자, 정도로 계획을 잡았다. 인천에서 배를 타고 위해로 들어갔다. 그날 배 안에서 저녁으로 복지리를 맛있게 먹은 기억이 난다. 위해까지 비행기로 간다면 아마 1시간이면 가겠지만 배로는 열댓 시간이 걸린다. 배를 타고 인천 바다를 벗어나 망망대해로 접어드는 것을 갑판 위에서 보는 건 근사한 경험이다. 또한 컴컴한 밤에 배 밑으로 출렁거리는 짙은 바다를 내려다보는 것 또한 색다른 기분을 느끼게 하고, 밤늦도록 배 안의 여러 장소를 누비며 같이 간 이와 두런두런 이야기를 나누는 재미도 아주 괜찮다.

　나는 중국 땅을 처음 밟은 1996년 이래, 인천에서 출발하는 중국행 여객선을 많이 이용했다. 돌아올 땐 거의 비행기를 탔지만 중국으로 갈 때는 배가 주는 특유의 그 여유가 좋아 많이 애용했다. 그해 나와 함께 떠난 아버지도 위해행 페리호가 두루두루 괜찮다는 평을 하셨다.

　다음 날 아침 도착한 위해는 작은 항구 도시, 시내 쪽을 살짝 둘러보고 간단한 점심을 먹고는 청도로 가는 장거리 버스에 올라탔다. 산동성의 대표적 해안 도시이기도 하고 대학 친구가 일하는 곳이기도 해서 한번 둘러보기로 했다. 청도에서 1박을 하면서 청도의 명물 잔교와 해안가를 보고, 성당 및 과거 독일 조계지를 좀 걸어보았다. 퇴근한 친구가 오자 한국 식당에 가서 맛있는 부대찌개를 먹었다. 낮에는 종일 여기저기 돌아다니고 밤에 자기 전까지는 아버지와 두런두런 이야기를 나누는 날들이 이어졌다. 여러 번 들어서 이미 알고 있는 6.25 때 개성서 피난 나온 이야기부터 아버지의 젊은 시절 이야기도 듣고, 살면서 좋았던 일, 힘들었던 일들, 은퇴 후의 상황들까지 아버지에 대해 처음 듣는 이야기들이 참 많았다. 청도를 둘러 본 그날 밤 아버지와 다음 여행지를 정했다.

"아버지, 이제 공자님 보러 곡부로 갈까요?"
"그래, 한번 가봐야지. 가보자."

그래, 다음 목적지는 공자의 고장 곡부로 정해졌다.

곡부, 말 그대로 과거로의 여행이다. 유교 문화권에 사는 우리에게도 공자의 존재는 크다. 그때 나는 곡부를 세 번째 가는 터라 그리 새로울 건 없었지만, 언제가도 곡부가 주는 거대한 느낌이 있다. 그리고 중국에 가는 우리 한국인들도 아마 꼭 한번 가보고 싶어 하는 곳이 아닐까 싶다. 내 아버지도 곡부에 대해 깊은 인상을 받으셨고, 꼼꼼하신 성격답게 작은 수첩에 곡부의 여러 유적에 대한 것과 그에 대한 소회를 자세히 적으셨다. 곡부에는 공씨들이 모여 산다. 우리가 하루 묵은 그 숙소의 주인도 자신이 공자의 몇 대손이라는 설명을 숙소 한쪽에 크게 써놓고 있었다. 청도가 현대적 느낌이 물씬 나는 대도시라면, 곡부는 말 그대로 까마득한 과거로의 한바탕 여행이라는 생각이 든다.

곡부를 둘러본 우리는 이제 산동성의 성도 제남을 찾아가 제남이 가진 여러 유적들을 살펴보았다. 예컨대 대명호, 표돌천 등, 그리고 황하에서 잡은 잉어 요리 같은 유명한 지역 요리도 맛보았다. 그런데 중국 요리에 대해 잠깐 이야기를 하자면, 중국을 전공하고 중국에서 몇 년 살아

곡부

본 나 역시도 중국의 다양한 음식들을 생각처럼 그렇게 잘 즐기지 못한다. 겪어보니 입맛이란 것이 꽤 보수적인 것이라 음식 천국 중국의 음식을 현지인처럼 모든 요리를 맛있게 즐기긴 어렵고, 대개 자주 먹는 음식을 시켜 먹게 되는 것 같다. 모처럼 아버지 모시고 요리의 나라 중국에 왔으니 다양한 음식들을 아버지께 대접하고 싶었지만, 예상대로 아버지께도 중국 음식은 전반적으로 너무 느끼하고 향이 강한 것이었다. 잘 먹어야 힘을 내서 다닐 수 있는 것인데, 그런 면에서 아버지의 체력이 좀 걱정되기도 했다. 그래서 우리 입맛에 잘 맞는 음식 위주로 먹었고 한국 식당이 보이면 자주 가서 먹었다.

제남 여행을 마무리하며 베이징 쪽으로 올라갈 것이냐, 남쪽인 상하이 쪽으로 갈 것이냐를 의논했다. 아무래도 겨울이고 차가운 날씨니 남으로 내려가자고 결정했다. 내려가면서 서주와 합비, 남경을 들렀다. 서주는 강소성, 합비는 안휘성에 위치한다. 알다시피 중국에서 성이 중요 행정 단위인데 인구 1억이 넘는 성도 여럿이다. 한 개의 성이 우리 한반도 전체 면적보다 큰 데도 있다. 성(省) 안에 있는 도시끼리는 교통편이 아무래도 더 잘 되어 있고, 성을 넘어 다른 성으로 가려면 거리도 그렇고 교통편도 그렇고 발품깨나 팔아야 한다. 그런데 강소성 서주를 보고 바로 안휘성으로 건너뛰었으니, 나중에 생각해보니 효율은 좀 떨어지는 여정이었던 것도 같다. 하지만 아무렴 어떤가, 가고 싶은 대로 가는 여행이니.

　서주와 합비는 일단 삼국지를 통해 많이 들어본 곳이다. 서주에 대해 받는 느낌은 개봉이 그런 것처럼 사통팔달, 교통이 아주 발달한 도시라는 점이다. 동서남북 곳곳으로 교통편이 잘 연결되어 있다. 아마 삼국지 시대에도 그런 교통의 요충지로 기능했을 것이다. 반면 유명 관광지가 많지는 않아, 외지에서 자주 관광을 오는 도시는 아닌 것 같다. 1박을 하며 가볍게 둘러본 서주는 삼국지 관련 유적보다는 한나라 관련 유적지들이 많았다. 예컨대 한왕들의 묘가 여럿이었고, 초한지의 항우가 초패왕이 되어 근거지로 삼았던 곳이기도
해 그 흔적들이 남아있다.
합비로 떠나는 장거리 버
스표를 사러 간 정류장에
서 디지털 카메라를 도둑
맞았다. 중국 어디든 기차
역이나 정류장은 늘 엄청

합비 명교사

난 인파라 소매치기가 흔하다. 배낭, 짐 챙기고, 아버지 챙
기고 표 사고 뭐하고 정신없었으니 카메라 없어진 것도 한
참을 지나고 나서야 알았다. 그래서 그때 그 여행에 대한
사진이 없다. 하지만 추억은 고스란히 가슴에 남았으니 아
쉬울 건 없다. 아버지는 매일 일기 쓰듯 그날의 행적을 꼼
꼼하게 기록하셨다.

합비는 확실히 삼국지의 흔적이 강하다. 대표적으로 위
의 명장 장료를 기념하는 소요진 공원이 유명하다. 소요
진은 장료가 800명의 군사로 손권의 10만 대군을 막아
낸 곳으로 잘 알려져 있다. 명교사라는 절도 오나라 수군
을 막기 위해 활을 많이 설치했던 곳으로 많은 이들이 찾
는 곳이다. 합비에서 또 한 명의 역사 인물을 우연히 만났
는데, 바로 송나라 포청천이었다. 합비에서 포청천을 다시
만날 줄은 몰랐는데, 포공의 고향이 합비인 모양이다. 그

를 기리는 사당인 포공사에도 늘 많은 관광객이 찾아온다. 시공을 초월해 존경과 사랑을 받는 인물이니 그럴 만하다는 생각이 든다. 포공사를 거닐며 아버지와 포청천에 대해 이런저런 이야기를 나누던 시간도 참 좋았던 것 같다. 합비를 거닐 때 확실히 남쪽이라 봄기운이 물씬 났던 기억도 떠오른다.

　서주, 합비를 돌아본 뒤 익숙한 남경과 상해를 차례로 둘러보았다. 거대한 유적들이 많은 남경은 역사적, 문화적인 포만감을 안겨주는 곳이고, 첨단의 대도시 상해는 중국의 근현대를 체험하게 해주는 곳이다. 남경이나 상해는 내가 유학하던 시절, 그리고 졸업식 때도 온 가족이 와서 며칠씩 돌아본 적이 있어 아버지에게도 좀 익숙한 곳이다. 그렇게 남경, 상해에서 며칠을 보낸 뒤 한국행 비행기에 올랐다. 보름 만에 돌아온 한국, 인천공항에는 많은 사람들이 오가고 있었다. 그때 사람들의 얼굴이 대개 다 밝았던 것 같은데, 바야흐로 곧 설 연휴가 시작되려 하고 있었다.

8장

친구와의 중원 여행

몇 해 전 대항항공 중국 광고에서 중국 중원 지역을 집중적으로 소개한 적이 있다. 서안과 개봉, 낙양, 정주의 풍경을 담아 멋지게 만든 광고였다. 황하의 신비롭고도 장엄한 풍경, 수려한 화산, 세계의 불가사의 진시황 병마용, 당현종과 양귀비가 사랑을 속삭이던 화청지, 만고에 빛나는 포청천의 청렴함이 남아있는 개봉부 등이 화면을 채우며 감탄을 자아냈다. 보는 순간 떠나고 싶은 생각이 절로 드는 잘 만든 광고였다. 그렇다. 중국의 진짜 모습을 보려면 먼저 중원에 가야 한다. 2,000년의 중국을 만나려면 서안에 가야 하고, 5,000년의 중국을 보려면 하남으로 가야 된다는 말은 그래서 나온 것이다. 중국 문화의 원형이 바로 이곳에 있다고 해도 과언이 아닐 것이다. 알다시피 중원은 황하 문명의 발상지이고 숱한 고대 왕조의 중심지였다. 고대 북방의 이민족들은 끝없이 중원 땅을 노렸고, 한족은 중원을 사수하기 위해 전쟁을 벌였다. 삼국지의 숱한 영웅들도 중원을 놓고 천하 통일을 꿈꿨다. 그 옛날 흙바람 일으키며 말달리던 수많은 영웅들이 피고 진 그 땅, 중원은 그렇게 우리 가슴 저 밑바닥에 있는 무엇인가를 강하게 자극한다. 우리가 통칭해서 말하는 중원은 지리적으로 하남성 일대와 섬서성 일대, 산동성 서부, 호북성 북부 지역을 가리킨다. 나는 유학 시절, 그리고 졸업한 뒤에는 방학을 이용하여 배낭 메고 몇 번씩 중원을 가로질렀다. 중국의 속살, 중국 문화의 원형을 보려면 이 중원을 깊이 보아내야 할 것이다.

그리고 또 한 가지, 우리 한국인들에게도 대륙의 중원은 늘 풍부한 상상을 이끌어내는 공간임이 틀림없다. 저 초한지, 삼국지 속의 말달리고 내달리던 공간, 그리고 근래에 와서는 김용의 무협 소설 안에서 대륙을 상상하고 꿈꾸게 하는 곳이 또한 중원 아니던가. 중고등학교 동창이자 대학에서 국문학을 전공한 친구도 늘 궁금해하던 곳이 바로 중국 중원 지역이었다. 그리하여 어느 더운 여름날 친구와 나는 배낭 하나 메고 중국 중원으로 훌쩍 떠났던 것이다.

1. 정주

　하남성의 성도 정주(鄭州), 수천 년 장구한 시간을 간직한 중원 땅이다. 하지만 그 긴 역사 속에서 역사의 중심에는 서지 못한 비운의 도시이기도 하다. 정주는 오히려 근대에 이르러 철도 교통의 요충지가 되며 크게 발전한 도시인데, 현재 중국의 주요 철도가 모두 정주를 거쳐 간다. 우리의 대전이 그러한 것처럼 말이다. 대전역에 수많은 이들의 사연이 얽혀있듯이 아마 교통의 요지 정주 땅에도 수많은 스토리들이 담겨 있을 것 같다. 어쨌든 정주가 하남성의 성도가 된 것도 바로 그러한 지리적 요인이 크다.

　정저우에 가면 중국 고대 상나라 유적을 만날 수 있다. 지금으로부터 대략 3,500년전 존재했던 상나라의 도기, 청동기, 주거 유적 등이 박물관과 유적지에 보존되어 있다. 최초의 한자 기록인 갑골문이 사용되던 시기, 그 아득한 시기의 흔적을 보고 있자면, 우리가 얼마나 작고 유한한 존재인가를 저절로 느끼게 된다.

정주 황하

　시내에서 좀 떨어진 곳에 위치한 황하 유람구도 꼭 한 번 가볼 만하다. 산동성 제남에서도 황하를 볼 수 있지만 이쪽의 황하는 또 느낌이 다르다. 이곳 황하 유람 지역은 가장 거대한 황하를 눈으로 확인할 수 있는 곳이다. 또한 관람객들을 위해 시설들이 잘 정비, 조성되어 있어 황하의 진면목과 편하게 마주할 수 있다. 황하를 상징하는 거대한 모친 석각을 비롯하여 중국 고대 전설상의 인물인 황제와 하나라의 시조 우임금의 석상 등 많은 석각이 있어 보는 재미를 더하고, 극목각이라는 이름의 정자에 오르면 황하의 웅장함이 한눈에 들어온다. 대우산 정상에서 바라보는 황하 풍경도 가히 일품이다. 케이블카를 이용하면 쉽게 산 정상에 오를 수 있다.

2. 숭산, 소림사

　정주에서 약 1시간쯤 떨어진 등봉(登封)이란 곳에 중국 오악 중 하나인 숭산(嵩山)이 있고, 중국 무술의 본산이라 할 소림사가 있다. 숭산은 모두 72개의 봉우리로 이루어져 있고, 최고봉은 1,500미터가 조금 넘는다. 높이는 태산과 비슷하지만, 느낌은 완전히 다르다. 산에는 여러 사찰과 유적이 있는데, 소림사 역시 그중의 하나이다.

　소림사는 위진남북조 시대인 북위 때 창건되었다. 이후 인도의 고승 달마대사가 이곳에서 면벽을 하며 선종을 창시했다. 소림사의 승려들은 달마대사의 수행법에 따라 무술을 연마하였는데, 당나라 초기 소림사 승려 13인이 태종을 도와 중국 통일을 이루면서 소림권이 천하에 알려지게 되었다. 소림사와 소림권이 세계적으로 알려지게 되면서 수많은 관광객이 이곳을 찾고 있다. 절과 그 주위에는 탑림, 달마동, 소림사 무술관 등 많은 유적과 볼거리가 있다. 소림권은 그간 수많은 영화를 통해 우리에게도 잘 알려져 있는데, 그 본산지에 가서 무술을 연마하는 많은 이

소림사

들을 보고 있으면 기분이 새롭다. 한번 제대로 배워보고 싶은 마음도 든다. 예전에는 단지 멋있어 보여서 관심이 갔다면, 이제는 건강과 정신 수양을 위해서 한번쯤 푹 빠져보고 싶다는 생각이 든다. 말하자면 소림 무술의 본질에 조금 더 관심이 생겼다고나 할까. 나도 소싯적에 태권도를 열심히 배웠고 군대에서는 특공 무술도 좀 접해본 터라 무도에 관심이 있는 편이다. 소위 중국 전공자로서 앞으로는 중국의 무술에도 좀 더 관심을 가져보려고 한다.

소림사뿐 아니라 중악묘도 한번 들러볼 만하다. 하남성 최대의 도교 사원이라고 하겠는데, 깊은 역사를 간직한 여러 건축물도 눈길을 끌고 준극전의 웅장한 자태도 감탄을 자아낸다.

3. 북송의 흔적, 개봉

자, 이번엔 개봉(開封)이다. 정주에서 약 80킬로미터 떨어진 중국 고대 도시 중 하나다. 타지에서 개봉에 도착하면 일단 그곳이 사통팔달로 잘 연결되어있다는 느낌을 받는다. 이른바 교통의 요지라는 말인데, 고대에 중요한 도시였다는 점을 생각해보면 자연스레 수긍되는 부분이기도 하다. 개봉은 여러 왕조의 도읍지였지만, 역시 송나라 수도로 크게 번성했던 곳이다. 바로 판관 포청천과 수호지의 무대였다. 청렴함과 공명정대함의 상징 판관 포청천은 시대와 공간을 초월해 존경받는 인물이다. 90년대 중반 대만에서 만들어진 드라마 포청천은 한국에서도 큰 인기를 끌었다.

개봉의 주요 볼거리는 대부분 시내에 집중되어 있어 둘러보기 편하다. 개봉의 특이한 점은 수면 면적이 넓다는 점이다. 산동 제남도 샘이 많기로 유명하지만, 여기 개봉도 물이 많아 수성(水城)으로 불리운다. 도시 안에 포공호, 반가호와 같은 넓은 호수가 있어 주변 경관과 어우러진다.

먼저 용정 공원에 가볼 만하다. 송대에는 어원의 일부였으나 홍수로 파괴되어 나중에 다시 건축되었다. 앞에 넓은 호수가 펼쳐져 있어 가슴이 탁 트인다. 어느 해 여름에 개봉에 간 적이 있었는데, 낮에는 돌아다니기가 참으로 더웠다. 저녁이 되자 호수 주위에 많은 사람들이 몰려와서 한가로이 더위를 식혔다. 그 한가로운 풍경이 참 보기 근사했다. 호수 위로 불어오는 은근한 바람의 맛도 좋았다. 낚시를 하는 사람들도 있고 버드나무 아래 다리 계단에 앉아 쉬는 사람들도 많았다.

상국사라는 절도 가봐야 한다. 1,500년 전에 지어진 절로 유서 깊은 곳이다. 물의 도시답게 개봉의 여러 유적들은 홍수로 유실, 붕괴된 경우가 많은데, 상국사의 주요 건축도 후대에 다시 개축된 것이 많다. 북송에 세워진 높이 50여 미터의 철탑도 개봉의 주요 유적 중 하나다. 벽돌로 지어진 것이지만 갈색의 돌이 마치 철처럼 보여 철탑이라는 이름이 붙었다. 탑 위에 오르면 개봉 시내가 한눈에 들어온다.

앞서 개봉하면 송대가 떠오른다고 했는데, 송대의 분위기를 제대로 느끼게 해주는 거리가 있다. 바로 송도어가街다. 400미터에 이르는 거리를 말 그대로 송대의 거리로 재현했는데, 그 거리에 들어서면 번성했던 송대의 한복판

에 들어온 기분을 느끼게 된다. 그 속 어딘가에 판관 포청천이 서 있을 것 같다. 송대의 번화함을 맛볼 수 있는 곳이 또 있는데, 그 유명한 그림 청명상하도를 재현한 테마 공원인 청명상하원이 그것이다. 청명상하도는 주지하듯 북송의 화가 장택단이 개봉의 번화한 거리를 담아낸 명작이다. 본 사람들은 다 알겠지만 아주 정교하고 생동감 넘친다. 공원을 걸으면 북송의 건축물과 그 분위기를 피부로 감각하게 된다.

4. 태양의 도시, 낙양

정주에서 서쪽으로 1시간 정도 가면 낙양(洛陽)이 나온다. 낙양, 많이 들어본 이름이다. 가령 우리도 흔히 쓰는 표현으로 "낙양의 지가를 올렸다."라는 말이 있지 않은가. 낙양은 중국 역대 수도 중에서 가장 오래된 곳 중 하나다. 무려 9개 왕조의 수도로 그 이름을 높였던 곳이다. 그런 만큼 수많은 문화 유적이 그곳에 있다.

18년 전인 2005년 여름, 보름간 친구와 중국 중원 지역을 여행한 적이 있다. 산동을 거쳐 하남의 여러 도시들을 돌았는데, 개봉, 정주를 거쳐 낙양에 도착했다. 그때쯤 되니 체력도 바닥나고 한국 음식도 그리워졌다. 한국을 떠난 지 한 열흘쯤 되는 시점이었다. 본격적인 낙양 유람에 앞서 한국 음식으로 원기를 회복하기로 하고 터미널 근처를 뒤지던 기억이 난다. 내륙 깊숙한 곳은 동부 연안 지역만큼 한국 음식점이 많지 않았다. 그래도 낙양 정도라면 먹을 만한 한국 음식점이 있을 것 같았다. 빙고, 그때 그렇게 낙양에서 먹은 김치찌개 맛을 잊을 수 없다. 한국인 사장님이 먼 걸음 했다며 서비스를 챙겨주었다.

5. 용문석굴

용문석굴

  낙양의 많은 문화 유적들을 압도하는 것은 아마도 용문
석굴일 것이다. 거대한 석벽을 깎아 만든 그 수많은 석상,
석굴은 볼수록 불가사의하다. 400년에 걸쳐 만들었다는
말이 있을 정도니 그 수고와 정성을 그저 막연히 헤아려
볼 뿐이다. 거대하고 기묘한 자연과 장구한 문화 유적 앞

에 섰을 때 우리 인간은 작아진다. 즉 이러한 엄청난 유적 앞에서 우리 자신은 초라해지고 자연스레 내 자신을 돌아보게 되는 것 같다. 그해 뜨거운 여름, 나는 그 거대한 용문석굴을 겨우 초입부만 조금 둘러보고는 지쳐버렸다. 모든 걸 녹여버릴 듯 이글거리는 한여름의 태양빛을 피할 제대로 된 그늘이 없었기 때문이다. 얼린 생수통을 몇 통씩 허비해가며 일부만을 겨우 둘러보았다. 아, 그 얼마나 나약한 모습이었나. 멀리 떨어져서 석굴 전체를 조망해보니, 진짜 압도적인 풍경이었다. 거대한 석벽 아래로는 강이 흐르고 있는데, 그 운치 또한 예술이다.

용문석굴은 산서성 대동의 운강석굴과 쌍벽을 이루는 석굴이다. 북위의 효문제가 대동에서 낙양으로 수도를 옮기면서 운강석굴에 이어 이 용문석굴을 만들기 시작한 것이다. 이후 여러 왕조가 이어지며 400년 동안 계속 작업이 계속되어 오늘날과 같은 모습이 완성되었다. 그 수많은 불상의 얼굴 모습이 다 다를 정도로 정교하고 세밀한 조각술이 감탄을 자아낸다. 그중에서도 최대 볼거리는 역시 용문 최대 석불인 노사나불인데, 여황제 측천무후를 모델로 하였다고 한다.

6. 관림, 백마사

삼국지의 영웅 관우의 수급이 묻힌 곳이 낙양에 있다. 중문학을 전공하고 가르치는 나로서는 빠뜨릴 수 없는 곳, 관림(關林)에 대한 인상이 깊다. 의리와 충정의 상징, 죽음 앞에서도 당당하고 의연했던 장수이자, 문무를 겸비한 완전한 남자, 그가 바로 관우가 아니던가. 그렇게 관우는 많은 이들의 존경과 사랑을 받았고 나아가 신앙의 대상이 되었다. 사실 관우를 무신으로 숭상하는 이들은 중국인에 국한되지 않는다. 우리나라에서도 관우를 신으로 모시는 이들이 있다. 그리고 전국 여러 곳에 관우의 사당이 있다. 대표적으로 서울 동묘가 바로 관우의 사당이다. 같이 간 친구와 삼국지에 대해 이런저런 이야기를 나누며 관림을 둘러보았고, 우리도 향을 올리고 잘 되게 해달라고 각자의 소원을 빌었다. 그 일대는 관우가 먹여 살린다고 해도 과언이 아닐 정도로 사당을 찾는 사람들이 많았다. 관우와 관련된 기념품도 많았는데 한 가게에서 한국의 조카에게 주려고 나무로 만든 청룡언월도를 하나 샀다. 나중에 상하이 공항에서 배낭에 꽂아 넣은 그 목각 언월도가 문제가

백마사

되어 검색대에서 나와 따로 포장해 다시 짐칸에 싣는 해프
닝이 벌어지기도 했다.

　낙양 여행에서 인상에 남은 또 한 곳이 백마사다. 지금
으로부터 2,000년 전 중국에 처음으로 세워진 불교 사원
이고, 불경과 불상을 백마에 싣고 온 것을 기리기 위해 백
마사라는 이름을 지었다고 한다. 그런 상징성이 있어서 그

런지, 우리 한국을 비롯해 세계 각국에서 보내온 불교 관련 귀중품들을 소장하고 있었다.

서안으로 가려던 계획을 수정하여 기차를 타고 상하이로 가기로 했다. 상하이까지는 기차로 20여 시간이나 걸리기에 되도록 침대 칸을 사려고 했다. 하지만 늘 그렇듯 낙양의 기차역에는 수많은 사람들이 운집해 있었고 그날 당일표는 물론이고 그 다음날 기차표도 구할 수 없었다. 에라, 그렇다면 비행기를 타고 가자 싶어 역 근처의 여행사에 들어갔는데 거기서 상하이행 기차표를 구할 수 있었다. 저녁 8신가 9시쯤 낙양을 출발한 기차는 다음 날 아침에 상하이역에 도착하는 일정이었다. 2층 침대에 누워 밤늦게까지 친구와 두런두런 이야기를 나누었다. 이제 막 본격적으로 시작된 30대, 그땐 이런저런 계획도 참 많았다. 중국도 처음, 20시간 기차도 처음인 친구는 색다른 여행을 신기해했고, 기차가 장대한 양쯔강을 건널 때는 연신 감탄을 하기도 했다. 양쯔강에 도달했다면 이제 상하이가 멀지 않다는 것. 우리는 이번 여행의 마지막 목적지 상하이 유람에 대해 이런저런 계획을 짜며 이야기꽃을 피웠다. 상하이에서 박사 유학을 한 나에게 상하이는 마치 제2의 고향처럼 중국에서 가장 익숙하고 친근한 곳. 기차는 덜컹거리며 상하이로 달려갔다.

7. 중국의 문화 수도 상하이

마지막 목적지로 도착한 상하이는 이전에 다녔던 도시들과는 역시 그 분위기와 느낌이 달랐다. 상하이 기차역의 거대한 규모, 가늠이 안 될 만큼 많은 사람들, 친구는 거대 도시 상하이와의 첫 대면에 얼떨떨한 모양이었다.

일단 유학 시절 거주했던 오각장 쪽으로 가서 숙소를 정했다. 역시 자주 가던 곳인지라 익숙했고 직원들도 친구처럼 반겨주었다. 짐을 풀고 55번 버스를 타고 와이탄으로 나갔다. 뉘엿뉘엿 해가 저무는 저녁 무렵이다. 와이탄을 거닐며 이쪽으로는 만국 건축물을 구경하고, 강 건너 푸동 쪽으로는 높이 솟은 마천루들을 바라보며 화려한 상하이의 풍광을 만끽했다. 거리에 하나, 둘 불이 켜지니 특유의 야경이 연출된다. 그래, 이게 바로 상하이다. 첫날은 그렇게 상하이 관광의 하이라이트 와이탄과 남경로 일부를 구경하고 숙소로 돌아왔다.

둘째 날은 예원과 프랑스 조계지 지역, 그리고 신천지와 임시 정부를 둘러보았다. 예원은 명나라의 관리 반윤단이 부모님을 위해 지은 정원으로, 강남 정원의 정수를 보여준다. 예원을 중심으로 형성된 예원 상가도 전통 중국의 분위기를 물씬 풍기며 언제나 활기를 가득 띠고 있다. 옛 프랑스 조계 지역을 걸으며 3, 40년대 상하이의 흔적을 되짚어 보는 것도 색다른 경험이다. 이국적이라는 느낌을 강하게 받을 수 있다. 언제나 젊은이들로 북적이는 핫 플레이스 신천지를 둘러보는 재미도 쏠쏠하고, 그 거리를 지나 작은 골목 한편에 보존되어 있는 우리 임시 정부를 둘러보면 가슴이 뭉클해지고 뜨거워진다.

셋째 날은 강을 건너 푸동 지구를 살펴보았다. 쭉쭉 뻗은 마천루 숲을 거닐고 동방명주탑 전망대에 올라 상하이 시내를 조감했다. 굽이굽이 흐르는 황포강과 그 위를 떠다니는 배들을 하늘 위에서 바라보는 기분은 색다르다. 야경이었다면 또 완전히 다른 느낌으로 다가올 것이다. 상하이에 처음 왔다면 황포강 배 유람도 한번 꼭 해볼 만하다. 강위를 둥둥 떠나니며 대도시 상하이를 바라보는 것은 또 다른 각도에서 상하이를 볼 수 있는 좋은 기회다. 저녁엔 3년간 유학했던 학교 근처를 둘러보았고 단골 훠궈 가게에 가서 거한 저녁을 먹었다. 그리고 피로를 풀 겸 역시 잘 가던 마사지 가게에 가서 꾹꾹 안마도 받았다.

그렇게 2주간의 중국 배낭여행을 정리하고 리무진 버스에 올라 푸동 공항으로 향했다. 한국에 가면 또 익숙한 일상이 기다리고 있겠지만, 여행으로 얻은 재충전은 우리에게 활력을 줄 것이다.

!! 에필로그-여행이란 무엇인가

젊은 세대들에게 많은 사랑을 받는 중국의 가수 중에 진기정(陳綺貞)이라는 싱어송라이터가 있다. 그녀의 노래를 들어보면 자극적이지 않은 무공해 같다는 느낌이 든다. 그녀의 히트곡 중에 〈여행의 의미(旅行的意義)〉라는 노래가 있다. 그 노래엔 이런 가사가 있다.

당신은 많은 아름다운 풍경을 보았지.
많은 미녀들을 보았고 지도 위에서 매번 잠깐 동안 길을 잃었지.
당신은 파리의 밤을 맛보았고 눈 내리는 베이징을 걸었었지.
당신은 왜 나를 사랑하는지 말하지 못했지.
내 어떤 표정이 마음에 드는지 말하지 못했고
내가 언제 당신의 마음을 움직였는지도 말하지 못했지.
떠나는 이유를 말하지 못했지...

많은 이들이 여행을 꿈꾸고 그것에 인생의 많은 가치를 두고 산다. 해마다 연초가 되면 사람들은 그해의 여행 계획을 세우고 또 교통과 숙박편을 미리 알아보기도 한다.

여행사, 항공사들은 대대적인 프로모션을 진행한다. 연휴 때는 공항과 터미널, 고속도로들이 사람들로 넘쳐난다. 최근에는 '보복 관광'이란 말도 유행한다. 세계적 팬데믹인 코로나로 3년간 하늘길이 막히고 여행이 제한되었다가 이제 조금씩 일상이 회복되자 그간 억눌렸던 여행에 대한 욕구와 보상 심리가 한꺼번에 터져나오는 것을 보고 만들어진 용어가 아닐가 싶다.

현대를 사는 우리에게 여행이란 무엇인가. 한번쯤 생각해 봄직한 화두가 아닐까 싶다. 매일매일 반복적으로 이어지는 기계적인 일상, 밥벌이의 고단함, 쌓여가는 피로와 스트레스가 크다. 돌아보면 청년은 청년대로, 중년이나 노년 역시 그들 나름대로 삶이란 게 그리 만족스럽지도, 그렇다고 풍족하지도 않다. 더 이상 새롭고 신나는 일들이 별로 없다. 아, 이게 뭔가 싶게 허무하기도 하고, 아무도 나를 알아주지 않는다 싶어 쓸쓸하기도 하다. 주말도, 휴가도 언제나 뻔하게 흘러가니 별로 기대되지도 않는다.

자, 그렇다면 어떻게 해야 할까. 어떻게 해야 신이 나고 활기가 돌까. 지친 몸과 마음을 재충전할 수 있을까. 그래, 그렇다면 떠나자. 훌쩍 떠나자. 새로운 곳에 가서 새로운 풍경을 마주하고 새로운 사람들을 만나보고, 내 안의 나와 다시 마주하면서 재충전의 시간을 가져보자. 여행이야말로 내 삶을 가장 효과적이고 긍정적으로 흔들 수 있는 수단이다. 떠나고 싶은 그 순간이야말로 정말 여행이 필요한 시기고 여행의 참맛을 제대로 느낄 수 있는 시점이다. 급하게 서두를 필요 없다. 이제야말로 좀 더 차분하게 세상을 바라볼 수 있는 안목과 나와는 다르게 사는 이들을 따뜻하게 바라볼 수 있는 여유를 좀 가져볼 타임이다. 그리고 그 여행길에서 분명 자신과 마주할 수 있는 순간을 가져볼 수 있을 것이다. 돌아가면 좀 더 열심히 살아야지 하는 다짐을 하게 될 것이다. 그것이 바로 진정한 의미의 재충전이고 여행을 떠나는 가장 큰 이유일 것이다.

할 일이 태산이라는 걱정이나, 나 없는 동안 일이 잘 돌아갈 것인지를 염려하지 말고, 그 돈이면 뭘 어떻게 할 수 있을 텐데라고도 생각하지 마시라. 그저 뒤돌아보지 말고 일단, 떠나자. 과감하게! 돌아올 때 당신은 생각 이상으로 많은 것을 얻어 가지고 오게 될 것이다. 다시 한 번 소리 외쳐본다. 여행이 필요한 이들이여, 떠나라, 무조건! 뒤돌아보지 말고 떠나라, 바람처럼 구름처럼.

'열심히 일한 당신, 떠나라.' 한때 이런 광고 카피가 유행한 적이 있었다. 직장인들이 잠시나마 숨통을 틔울 수 있는 때는 역시 휴가다. 공부로 바쁜 학생들이라면 방학이

적기일 것이다. 많은 이들이 오래전부터 계획을 세워 해외로, 혹은 국내 곳곳으로 떠난다. 벼르고 벼른 여행, 여행에 관한 정보를 수집하고 계획을 짜면서 느끼는 그 설렘과 짜릿한 기쁨, 바로 그것이 생활에 큰 활력이 되는 것이다. 그렇다. 떠나기 전 그 짜릿한 즐거움을 우선 실컷 만끽해보자. 가보고 싶은 곳의 동선을 짜보고 여기저기 경비를 비교해가면서 말이다. 꼭 먹어 봐야 할 음식도 체크하자. 그러는 동안 스트레스는 날아가고 즐거움이 생길 것이다.

사실 누구나 말한다. "집 나가면 고생"이라고. 맞는 말이다. 막상 외국에 가면 당장 언어부터 시작해서 먹는 것, 자는 것 모두 낯설고 잘 맞지 않는다. 그러나 그것을 고생이라고 느끼는 이들은 별로 없을 것이다. 신선함과 긴장감을 온몸으로 느끼게 되고 바로 거기에 일상에서 느낄 수 없는 짜릿한 기쁨과 에너지가 있는 것이다.

또한 벼르고 벼른 여행이라고 해서 꼭 외국으로 나가야만 능사는 물론 아니다. 국내 여행도 얼마든지 해외여행만큼 재밌고, 그곳에서도 신선한 활력을 느낄 수 있다. 사실 우리 한국이 그리 큰 나라는 아니다. 서울에서 부산까지 KTX로 2시간 남짓한 거리다. 비행기 타고 가는 거의 유일한 곳이 제주도다. 하지만 우리가 전국 구석구석을 안다고 할 수 있을까. 그러면 어떻게 다녀야 할까. 여기에 무슨 답이 있는 건 아니다. 각자 취향과 시간에 맞추어 계획을 짜보자. 가령 도道 단위로 나누어 다녀보는 것도 좋을 것이다. 이번엔 강원도, 다음엔 충청도, 전라도, 경상도 하는 식으로다가. 혹은 더 잘게 나누어 시나 군 단위도 좋겠다. 이번엔 경주, 부산, 목포, 여수 하는 식으로. 자, 어떤가. 생각만 해도, 계획만 떠올려도 벌써 아드레날린이 마구마구 샘솟지 않는가.

다시 중국 여행 이야기로 돌아와서 조금만 더 이야기를 해보면 이렇다. 중국은 지리적으로 우리와 가장 가까운 이웃 국가이면서 역사적으로도 밀접한 관계를 지속해온 나라다. 또한 같은 유교 문화권, 한자 문화권에 속하는 만큼 여러 가지 면에서 많은 공통분모를 가지고 있다. 그런 만큼 우리는 중국에 대해 어느 정도 알고 있기도 하고 그만큼 친숙하게 느끼고 있는 것 또한 사실이다. 하지만 중국은 결코 한 손에 잡히지 않는다. 요컨대 매우 크고 깊은 나라라는 것은 분명한 사실이다. 그것은 중국이 엄청난 국토와 인구를 가지고 있다는 것에서도 쉽게 느껴지는 것이지만, 그에 더해 오래된 역사와 다양한 문화 유적을 지니고 있다는 점을 생각해보면 더욱 분명해진다.

중국을 여행할 이유는 참 많다. 예컨대 가장 가깝기도 하고 넓은 국토를 지닌 만큼 다양한 볼거리, 먹거리들도 많다는 점을 들 수 있을 것이다. 중국에는 우리나라에서는 볼 수 없는 기이한 풍광도 많고 신기한 문화 유적도 정말 많다. 또한 우리도 잘 알고 있는 역사적 인물이나 그에 관련된 흔적들도 쉽게 만나볼 수 있다. 그 밖에도 중국으로 떠날 이유는 얼마든지 있다. 가령 호불호를 떠나 우리와 함께 가야 할 이웃이기에 중국 알기의 차원에서 중국 여행을 떠나야 할 필요도 있다.

　떠나는 설렘과 즐거움, 새로운 곳에서 만나는 활기와 에너지, 신기한 풍광과 수많은 이야기를 품은 유적들, 그리고 좋은 사람들. 자, 이제 중국으로 떠날 시간이다!

발 닿는 대로, 중국 유람

초판 1쇄 발행일 2023년 8월 10일
지은이 이종철
펴낸이 박영희
편 집 조은별
디자인 김수현
마케팅 김유미
인쇄·제본 AP프린팅
펴낸곳 도서출판 어문학사
　　　　서울특별시 도봉구 해등로 357 나너울카운티 1층
　　　　대표전화: 02-998-0094 / 편집부1: 02-998-2267, 편집부2: 02-998-2269
　　　　홈페이지: www.amhbook.com
　　　　인스타그램: amhbook
　　　　페이스북: www.facebook.com/amhbook
　　　　블로그: 네이버 http://blog.naver.com/amhbook
　　　　e-mail: am@amhbook.com
　　　　등록: 2004년 7월 26일 제2009-2호

ISBN 979-11-6905-019-7
정 가 16,000원